DUNKLE PSYCHOLOGIE

ENTDECKE DIE BESTEN MANIPULATIONSTECHNIKEN UND LERNE, WIE DU MENSCHEN MIT DER WISSENSCHAF DER ÜBERREDUNG ANALYSIERST

MORITZ HILLMANN

1. Auflage

ISBN: 978-3-98935-568-2
Lucid Page Media (ein Imprint der Orbita Media GmbH)
Ericusspitze 4
20457 Hamburg
Deutschland
kontakt@lucidpagemedia.de

INHALTSVERZEICHNIS

EINFÜHRUNG

Hatten Sie schon einmal einen Moment, in dem Ihnen plötzlich bewusst wurde, dass Sie etwas tun, was Sie nicht beabsichtigt hatten, und Sie sind sich nicht ganz sicher, warum Sie das tun? Vielleicht haben Sie sich schon einmal gefragt, wie Sie andere dazu bringen können, sich so zu verhalten, dass es für Sie vorteilhaft ist, ohne dass Sie Ihre Absichten offen kundtun müssen. Sie könnten ein Verkäufer sein, der davon profitiert, wenn er Artikel weiterverkaufen kann, um eine höhere Provision zu kassieren. Sie könnten daran interessiert sein, für die Politik zu kandidieren, und möchten wissen, wie Sie Menschenmengen beeinflussen können, damit sie Ihnen nicht nur folgen, sondern auch für Sie stimmen.

Vielleicht sind Sie sogar Manager oder Eigentümer eines Unternehmens und möchten sicherstellen, dass Sie alle Mitarbeiter unter Kontrolle haben und motiviert sind, weiterzuarbeiten. Vielleicht gehören Sie zu dem kleinen Prozentsatz der Menschen, die daran interessiert sind, andere für ihre eigenen egoistischen Interessen zu manipulieren, indem sie zum Beispiel eine andere Person verführen und sie zum perfekten Partner für sich formen.

Was auch immer der Grund für Ihr Interesse an den Geheimnissen der dunklen Psychologie ist, Sie werden nicht enttäuscht sein. In der Kunst der dunklen Psychologie verbirgt sich die Fähigkeit, die Psyche der Menschen um dich herum zu verstehen; sie vermittelt die Fähigkeiten, die notwendig sind, um eine Person wirklich auf einen Blick zu lesen und selbst die kleinste Körpersprache zu verstehen, um zu erkennen, wie sich die Menschen fühlen. Sie lehrt Sie, wie Sie sich selbst in Verbindung mit den Gefühlen anderer verhalten können, indem Sie Konzepte wie die Prinzipien der Überredung oder des Spiegelns verstehen und sie nutzen, um das Verhalten anderer zu beeinflussen.

Mit Zeit, Mühe, Fleiß und einem Auge fürs Detail werden Sie feststellen, dass Sie in der Lage sind, Ihre Mitmenschen zu beeinflussen und zu kontrollieren. Nein, Gedankenkontrolle ist nicht nur etwas für Science-Fiction-Filme - nach der Lektüre dieses Buches können Sie tatsächlich die Fähigkeiten entwickeln, die notwendig sind, um die Handlungen anderer mit Leichtigkeit zu kontrollieren, ohne dass diese jemals merken, was passiert. Halten Sie beim Lesen dieses Buches Ihren Geist weit offen für die Möglichkeiten.

Sie erhalten den gesamten wissenschaftlichen Hintergrund, den Sie benötigen, und lernen, dass Emotionen und Empathie während des gesamten Prozesses immer wiederkehrende Themen sind. Sie werden lernen, was jemanden überzeugend macht und wie sich überzeugendes Handeln von manipulativem Handeln unterscheidet. Sie werden lernen, wie Sie erkennen, wenn andere Sie manipulieren, worauf Sie bei Opfern von Manipulation achten sollten und wie Sie verhindern können, dass Sie selbst Opfer der Manipulation einer anderen Person warden. Denn wenn Sie dieses Buch lesen, sind Sie daran interessiert, derjenige zu sein, der andere kontrolliert, und nicht daran, kontrolliert zu werden. Sie lernen, wie Sie Menschen lesen können, wie Sie Ihre Körpersprache einsetzen können, um Ihr Erscheinungsbild zu verändern, und erfahren alles über die wundersamen Geheimnisse des NLP - Neurolinguistisches Programmieren und vieles mehr. Unabhängig davon, ob Sie Einfluss, Überredung und Manipulation nur verstehen wollen, um sich selbst zu verteidigen, oder ob Sie die Fähigkeiten in diesen Büchern für sich selbst nutzen wollen, werden Sie wertvolle Informationen erhalten, die in einer Vielzahl von Situationen eingesetzt werden können. Die Möglichkeiten sind endlos.

WAS IST DUNKLE PSYCHOLOGIE?

Die Psychologie an sich ist schon sehr mächtig - wenn man versteht, wie die Psyche der Menschen funktioniert, versteht man auch die Gründe für das Verhalten. Man kann erkennen, warum Menschen so reagieren, wie sie es getan haben, und auch, was man von ihnen zu erwarten hat. Dunkle Psychologie ist nicht anders - dunkle Psychologie umfasst das Studium der Psyche derjenigen, die rücksichtslos, ausbeuterisch und manipulativ sind. Narzissten, Psychopathen, Sadisten und andere Menschen, die zur Manipulation neigen, wurden untersucht, um herauszufinden, wie sie ticken, warum sie es tun und vor allem, wie sie andere dazu bringen, genau das zu tun, was sie wollen.

Dunkle Psychologie muss nicht zwangsläufig böse sein, obwohl es sicherlich Menschen gibt, die sie zu diesem Zweck einsetzen. Du kannst sie studieren, um dich zu schützen - wenn du verstehst, wie sie funktioniert, wirst du weniger anfällig für sie. Man kann sie auf wirklich positive Weise nutzen, z. B. indem man seine Überredungskünste einsetzt, um jemand anderem zu helfen. Sie können sie nutzen, um die gewünschten Ergebnisse zu erzielen oder sogar, um bessere Jobs zu bekommen und sozial besser abzuschneiden. Nur weil Menschen mit dunklen Persönlichkeiten die Konzepte der dunklen Psychologie für egoistische Zwecke nutzen, heißt das nicht, dass Sie selbst diesen Weg einschlagen müssen.

Merkmale der dunklen Psychologie

Die dunkle Psychologie ist in gewisser Weise einzigartig im Vergleich zu anderen Psychologieschulen, und zwar vor allem deshalb, weil sie sich ausschließlich mit heimtückischen

Verhaltensweisen befasst. Sie untersucht Manipulation, Überredung, Täuschung, Zwang, Gedankenkontrolle und mehr. Sie versucht, in die Köpfe derjenigen einzudringen, die die dunkelsten Persönlichkeiten haben und anderen schaden wollen.

Diese Menschen, die im Mittelpunkt der dunklen Psychologie stehen, werden als böse beschrieben. Sie kümmern sich nicht um die Menschen um sie herum, und auch das Leiden anderer stört sie nicht. Sie geht auch davon aus, dass wir alle das Potenzial haben, in diese Rolle zu schlüpfen - wir alle haben der dunklen Psychologie zufolge irgendwo in uns eine dunkle Seite, aber nicht jeder entscheidet sich dafür, sich so zu verhalten. Dieses räuberische Verhalten mag zwar in jedem von uns schlummern, aber nur sehr wenige wollen es tatsächlich ausleben.

Diejenigen, die ihren dunklen Impulsen nachgehen, tun dies in der Regel, um einen evolutionären Urinstinkt zu befriedigen. Der Mensch hat drei davon: Sex, Aggression und Selbsterhaltung. Dies sind Überlebensinstinkte, die notwendig sind, um das Überleben zu sichern. Wie ein Rudel Wölfe oder andere fleischfressende Tiere jagen diejenigen, die sich von ihren dunklen Seiten leiten lassen, mit einem gewissen Ziel.

Sie unternehmen Schritte, um ihre eigenen Risiken zu minimieren, berechnen ihre Schritte und stellen sicher, dass ihre Ziele leichter zu überwältigen sind. Letztendlich gibt es sechs Haupteigenschaften, die mit der dunklen Psychologie einhergehen:

- Sie ist universell - alle Menschen haben das Potenzial dazu.
- Sie untersucht, wie Menschen über ihre Fähigkeit, andere auszunutzen, denken und fühlen.
- Sie erkennt ein Spektrum der dunklen Psychologie an - keine zwei Verhaltensweisen sind gleich oder gleich schädlich.

- Das Spektrum hängt vom Grad der Bösartigkeit oder Unmenschlichkeit ab, die der Täter bei den negativen Handlungen gezeigt hat.
- Alle Menschen haben ein angeborenes Potenzial für gewalttätiges, räuberisches Verhalten.
- Das Bewusstsein für die dunkle Psychologie und ihre Konzepte ermöglicht es den Menschen, diese Impulse zu kontrollieren und gleichzeitig zu erkennen, dass einige der von der dunklen Psychologie ausgelösten Verhaltensweisen evolutionär zum Überleben entwickelt wurden.

Nutzer der dunklen Psychologie

Trotz der heimtückischen Natur der dunklen Psychologie verwenden viele Menschen sie mit weit weniger bösen Absichten. Jede der unten aufgeführten Kategorien hat eine andere Motivation für die Nutzung der dunklen Psychologie, und viele der Kategorien von Menschen nutzen sie, um die Menschen zu verbessern, und nicht einfach aus egoistischem Verlangen.

Der entscheidende Unterschied in Bezug auf die Einordnung in das Spektrum besteht darin, zu verstehen, wann man sie ethisch und wann man sie egoistisch einsetzt.

Politiker

Politiker müssen in der Lage sein, ihre Mitmenschen zu lesen, um sich so zu präsentieren, dass sie ihren Willen durchsetzen können. Sie sind in der Lage, ihre stimmlichen Signale und ihre Körpersprache zu kontrollieren und sich so zu verhalten, dass sie selbstbewusst und autoritär wirken, um andere dazu zu bringen, ihnen zu folgen. Ihre Fähigkeit, die menschliche Psychologie zu verstehen, ermöglicht es ihnen, andere direkt davon zu überzeugen, für sie zu stimmen oder ihre Anliegen zu unterstützen.

Vertriebsmitarbeiter

Wenn Ihr Job vom Verkaufen oder davon abhängt, andere Menschen zum Verkaufen zu bewegen, ist es von entscheidender Bedeutung, dass Sie wissen, wie Sie überzeugend auftreten und andere davon überzeugen können, Ihnen zuzuhören, was Sie zu sagen haben. Wenn Sie andere überzeugen und sie dazu bringen können, Ihrem Urteil zu vertrauen, werden Sie besser in der Lage sein, Ihr eigenes Verkaufspotenzial zu maximieren, wovon Sie letztendlich mehr profitieren.

Religiöse Führer

Letztlich wollen die religiösen Führer, dass die Menschen die Regeln ihrer Religion befolgen. Sie streben ein gewisses Maß an Gehorsam und Vertrauen an, das sie sich verdienen können, indem sie verstehen, wie andere Menschen sie wahrnehmen. Wenn religiöse Führer in der Lage sind, ihre eigene Körpersprache zu manipulieren und zu wissen, wie sie sich am effektivsten ausdrücken und andere überzeugen können, sind sie viel besser in der Lage, ihre Zuhörer zu fesseln und zu überzeugen.

Sekten

Als eines der heimtückischsten Beispiele auf dieser Liste nutzen Sekten dunkle Psychologie und Gedankenkontrolle, um systematisch die vollständige und totale Kontrolle über andere Menschen zu erlangen. Sie sind sich der Auswirkungen ihrer Handlungen bewusst, isolieren ihre Zielpersonen langsam und verändern im Verborgenen ihre Denkweise und ihre Gedanken, indem sie perfekte Spielfiguren schaffen, die in ihren Strukturen gefangen sind.

Anwälte

Vor allem vor Gericht müssen Anwälte wissen, wie sie sich zu präsentieren haben. Vor allem, weil das Gericht von den Menschen verlangt, etwas zweifelsfrei zu beweisen, müssen die Anwälte in der Lage sein, sich selbst als durch und durch überzeugt von dem darzustellen, was sie behaupten, wenn sie hoffen, die gewünschten Ergebnisse zu erzielen.

Narzissten

Narzissten, die egoistisch und eigennützig sind, setzen auch regelmäßig dunkle Psychologie ein, um ihre Zielpersonen systematisch einzuschüchtern, damit sie sich unterwerfen, und um alles zu erreichen, was sie als Ergebnis wünschen. Mit Hilfe der dunklen Psychologie sind sie in der Lage, großartige Ergebnisse zu erzielen, indem sie Menschen in ihrem Umfeld beibringen, auf sie zu reagieren, sie mit Schuldgefühlen zur Unterwerfung zwingen oder sie nach einiger Zeit, in der sie die richtigen Knöpfe gedrückt haben, einfach in ihrem Kopf kontrollieren.

EMOTIONEN

Das vielleicht grundlegendste Prinzip, das Sie verstehen müssen, bevor Sie sich der dunklen Psychologie in irgendeiner sinnvollen Weise nähern, sind die Emotionen. Man muss in der Lage sein zu erkennen, wie Emotionen andere Menschen beeinflussen, warum wir sie haben und wie man sie beeinflussen kann, wenn man in der Lage sein will, Menschen zu kontrollieren. Dafür gibt es einen wichtigen Grund: Emotionen sind motivierend. Sie treiben alles an. Sobald Sie verstehen, wie sich Menschen fühlen, können Sie erkennen, wie Ihr eigenes Verhalten die Gefühle anderer beeinflusst. Wenn Sie das verstanden haben, können Sie Ihr eigenes Verhalten absichtlich so verändern, dass es das gewünschte Verhalten bei der anderen Person hervorruft. Je mehr Kontrolle Sie über die Gefühle anderer haben, desto mehr Kontrolle haben Sie über deren Gedanken und Verhalten. Das liegt daran, dass Gedanken, Gefühle und Verhaltensweisen in einem ständigen, nie endenden Kreislauf zusammenwirken. Ihre Gedanken beeinflussen Ihre Gefühle, und Ihre Gefühle beeinflussen Ihre Verhaltensweisen, die wiederum den Kreislauf fortsetzen.

Was sind Emotionen?

Letztlich sind Emotionen in der Theorie recht einfach zu definieren. So unterschiedlich sie auch sein mögen, alle Emotionen haben einige grundlegende Ähnlichkeiten. Insbesondere haben sie drei Hauptmerkmale, die definieren, was sie sind. Sie sind natürlich, sie sind reflexiv und sie sind instinktiv.

Da sie natürlich sind, kommen sie von selbst. Sie sind im Laufe von Jahrtausenden der Evolution und Entwicklung entstanden und haben sich so geformt, dass sie dem Überleben des Lebens förderlich waren, als dieses im Laufe der Zeit immer komplexer wurde. Je komplexer und denkfähiger das Leben wurde, desto mehr emotionale Kapazität war notwendig, um es zu kontrollieren.

Emotionen sind reflexiv, das heißt, sie sind Reaktionen auf die Welt um sie herum. Wenn sie völlig unprovoziert und ohne wirklichen Anreiz bleiben, ändern sich die Emotionen nicht wesentlich. Es geschehen Dinge um uns herum, die unsere Gefühle in die eine oder andere Richtung lenken. Wenn man zum Beispiel verletzt wird, kann das negative Gefühle wie Traurigkeit, Wut oder Angst auslösen. Das liegt daran, dass alle drei Emotionen dazu beitragen können, in der jeweiligen Situation zu überleben - Traurigkeit eignet sich, um Unterstützung von anderen zu bekommen. Wut eignet sich, um sich zu verteidigen, und Angst eignet sich, um zu fliehen. Wenn Emotionen reflexiv sind, sollen sie die Überlebenschancen des Einzelnen verbessern.

Und schließlich sind Emotionen instinktiv. Sie treten automatisch auf, ohne dass wir viel darüber nachdenken. Sie bedürfen keines bewussten Denkens, um zu entstehen, sondern entstehen von selbst. Man geht davon aus, dass dies vor allem darauf zurückzuführen ist, dass der Mensch zwei verschiedene Denkprozesse hat, die weitgehend unabhängig voneinander funktionieren. Es gibt den impliziten oder automatischen Denkprozess, der instinktive Urteile und Verhaltensweisen wie Emotionen umfasst, und den expliziten oder kontrollierten Denkprozess, der für rationales Denken, Lernen und Entwicklung verantwortlich ist. Emotionen fallen in den impliziten, unbewussten Denkprozess - sie treten von selbst auf, ohne die Zwänge der Rationalität zu spüren.

Wenn sie nicht durch Rationalität eingeschränkt sind, ist es natürlich leicht zu verstehen, wie unbeständig sie sein können - Emotionen können weitgehend durch verschiedene externe Faktoren beeinflusst werden. Alles, vom Tagesverlauf bis hin zu dem, was Sie gegessen haben, kann Ihre Gefühle beeinflussen.

Warum wir Emotionen haben

Auch wenn Emotionen wankelmütig und unpraktisch sein können, haben sie doch einen wichtigen biologischen Zweck. Wenn sie nicht wichtig wären, hätten sie sich nicht im Laufe von mehreren tausend Jahren bei einer Vielzahl von Arten entwickelt. Viele Tiere mit einer höheren Gehirnentwicklung haben die Bereiche im Gehirn, von denen man annimmt, dass sie für verschiedene Emotionen verantwortlich sind - das ist nicht nur beim Menschen der Fall. Die beiden wichtigsten Gründe für Emotionen sind also das Überleben und die Kommunikation mit einer Gruppe.

Wie bereits kurz angesprochen, sind Emotionen reflexiv. Sie sind natürliche, instinktive Reaktionen auf die Welt um uns herum, die unser Überleben fördern sollen. Das liegt daran, dass sie Motivatoren sind. Emotionen motivieren Sie zu bestimmten Handlungen und Verhaltensweisen in der Hoffnung, erstens zu überleben und zweitens die Gene an die nächste Generation weiterzugeben. Da Sie natürlich und instinktiv bestimmte Gefühle haben, wenn Sie bestimmten Situationen ausgesetzt sind, werden Ihre eigenen Verhaltensweisen beeinflusst. Wenn Sie sich vor etwas fürchten, werden Sie sich der Situation wahrscheinlich vorsichtig nähern oder sie ganz meiden. Das liegt daran, dass die Angst Ihren Körper in höchste Alarmbereitschaft versetzt. Wenn Sie etwas glücklich macht, werden Sie wahrscheinlich weiterhin versuchen, damit in Kontakt zu kommen, denn Glücksgefühle entstehen, wenn Bedürfnisse erfüllt werden, und sie bedeuten, dass Sie etwas richtig machen. Natürlich ist dies nicht immer eine korrekte Vorgehensweise im Leben, aber es ist eine gute Faustregel. Dinge, die Glücksgefühle auslösen, wie Liebe, Zuneigung, Sex, gutes Essen und Ruhe, sind im Allgemeinen gut für das Überleben.

In zweiter Linie sind Emotionen eine wichtige Komponente für eine effektive Kommunikation. Wenn Sie effektiv kommunizieren können, sind Sie besser in der Lage zu überleben. Sie werden in der Lage sein, klar und deutlich zu sagen, was Sie in diesem bestimmten Moment brauchen, einfach weil Emotionen alles über Ihre aktuellen unbewussten Gedanken, Gefühle und Bedürfnisse sind, die sich um das drehen, was um Sie herum geschieht.

Diese Gefühle lösen bestimmte Reaktionen im Körper aus, nämlich in der Körpersprache, in Handlungen und in der Mimik, und diese drei Dinge kulminieren in einer Art und Weise, mit der Sie Ihre Bedürfnisse den Menschen um Sie herum nonverbal mitteilen. Diejenigen, die Ihnen am nächsten stehen, werden sich dann wahrscheinlich so verhalten wollen, dass es Ihnen nützt, und aktiv versuchen, Ihre Bedürfnisse zu erfüllen, um sicherzustellen, dass für Sie gesorgt wird, einfach weil sie verstehen, dass auch Sie Bedürfnisse haben.

Wenn Sie die Bedürfnisse Ihrer Mitmenschen erkennen können, können Sie auch Ihr eigenes Verhalten regulieren. Denken Sie zum Beispiel an Wut - sie ist größtenteils eine Alarmemotion. Sie empfinden Wut, wenn Sie das Gefühl haben, dass Ihnen Unrecht getan wird oder Ihre Grenzen überschritten wurden. Wenn Sie sich wütend fühlen, zeigen Sie die typische wütende Körpersprache. Wenn eine andere Person sieht, dass ihre eigenen Handlungen Sie wütend gemacht haben, hat sie die Möglichkeit, ihr eigenes Verhalten zu ändern, um sicherzustellen, dass Sie sich nicht weiterhin ungerecht behandelt fühlen. Diese beiden Aspekte der Kommunikation tragen zum Überleben der sozialen Spezies bei. Da der Mensch von Natur aus gerne in Gruppen lebt und von anderen umgeben ist, muss er die Gedanken und Gefühle seiner Mitmenschen gut verstehen, um ein glückliches und gesundes Leben führen zu können, ohne alle zu verärgern.

Was Emotionen sagen

Wir haben Dutzende von Emotionen - Freude kann sich zum Beispiel von Überschwang unterscheiden, und Enttäuschung ist etwas anderes als Kummer. Auch wenn sie unter ähnliche Kategorien von Emotionen fallen - Freude und Überschwang fallen beide unter die Oberkategorie Glück und Kummer und Enttäuschung fallen beide, zumindest teilweise, unter Traurigkeit - sind sie doch unterschiedlich.

Anstatt die einzelnen Emotionen Schritt für Schritt zu definieren, werden wir uns mit umfassenderen Kategorien befassen. Die sieben Emotionen, die hier vorgestellt werden, gelten als die sieben grundlegenden Emotionen, was bedeutet, dass alle empfundenen Emotionen in die Kategorie einer oder mehrerer der hier aufgeführten Emotionen fallen. Aus diesem Grund werden wir sie für die Zwecke dieses Buches vereinfachen und das breite Spektrum an Gefühlen auf die sieben universellen Gefühle reduzieren, von denen bekannt ist, dass sie in allen Kulturen der Welt auftreten, unabhängig davon, wie distanziert oder zurückgezogen die Menschen sein mögen. Jede dieser sieben Emotionen ruft als Reaktion einen spezifischen Gesichtsausdruck hervor, der in allen Kulturen wiedererkannt werden kann. Selbst Menschen, die von Geburt an blind sind und keine Mimik sehen können, zeigen die Mimik, die mit diesen sieben Emotionen einhergeht, weshalb man glaubt, dass sie universell sind.

Wut

Wut wird als Reaktion auf etwas empfunden, das der Person Unrecht tut oder eine Grenze überschreitet. Sie soll Schutz- oder Abwehrverhalten hervorrufen und drückt das tiefe Bedürfnis aus, eine Grenze zu respektieren oder etwas Abstand zu gewinnen.

Furcht

Angst wird in Zeiten der aktiven Bedrohung empfunden. Der Mensch glaubt, dass er oder sie in Gefahr ist, und der Körper reagiert darauf, indem er sich darauf vorbereitet, entweder zu kämpfen oder zu fliehen, um zu überleben. Wenn man diese Emotion bei anderen sieht, vermittelt sie ein Bedürfnis nach Sicherheit und Geborgenheit.

Verachtung

Verachtung wird empfunden, wenn eine Person einen tiefen Hass oder eine Missbilligung für eine andere Person oder Sache empfindet. Sie entsteht in der Regel als Reaktion darauf, dass man etwas nicht glaubt, was jemand sagt, oder dass es an Vertrauen oder Respekt für die andere Person mangelt. Sie drückt ein Bedürfnis nach Vertrauen aus.

Abscheu

Ekel wird normalerweise empfunden, wenn man etwas ausgesetzt ist, das giftig für die eigene Gesundheit ist. Er ist in der Regel für Dinge reserviert, die Sie krank machen, wenn Sie sie konsumieren, aber er kann sich auch gegen Menschen richten, wenn sie etwas getan haben, das völlig gegen Ihren Moralkodex verstößt. In der Regel wird damit ausgedrückt, dass das, was da ist, giftig ist und um jeden Preis vermieden werden sollte.

Glück

Glück ist das ultimative Zeichen dafür, dass man alles richtig macht und dies auch weiterhin tun sollte. Es bedeutet, dass der Einzelne in diesem Moment zufrieden ist und dass alle Bedürfnisse erfüllt sind. Es ist angenehm und soll den Menschen dazu ermutigen, mit dem fortzufahren, was diese Glücksreaktion ausgelöst hat.

Traurigkeit

Traurigkeit wird in Zeiten von Schmerz oder Verlust empfunden. Sie löst einen Rückzug aus, bei dem die traurige Person versucht, sich von der Ursache des Schmerzes oder des Verlustes zu lösen, und ist ein Hinweis darauf, dass für die Heilung wichtige Unterstützung benötigt wird.

Überraschung

Eine Überraschung liegt vor, wenn etwas Verblüffendes oder Unerwartetes eingetreten ist. Es bedeutet in der Regel, dass etwas eingetreten ist, das nicht mit den bisherigen Vorstellungen übereinstimmt, und dass es weiterer Aufmerksamkeit bedarf, um zu verstehen, was geschehen ist.

EINFÜHLUNGSVERMÖGEN

Ein weiteres wichtiges psychologisches Konzept, das Sie verstehen müssen, bevor Sie sich in die Geheimnisse der dunklen Psychologie vertiefen, ist die Empathie. Dies ist eine weitere Eigenschaft, die den meisten Menschen gemein ist, auch wenn einige damit zu kämpfen haben. Es ist eine der Eigenschaften, die sich im Laufe der Zeit entwickelt haben, um das Überleben zu sichern. Es ist unglaublich wichtig, sie zu verstehen, weil sie, wie auch Emotionen, sehr motivierend ist. Das bedeutet, dass man, wenn man die Empathie versteht, in der Lage sein kann, andere Menschen dazu zu bringen, das zu tun, was man will, oder sie mit seinen eigenen Gefühlen zu manipulieren, weil man weiß, dass der Empath diese aufgreift. Hatten Sie schon einmal einen Moment, in dem Sie eine andere Person ansahen und genau verstanden, was diese fühlte, ganz gleich, wie unerklärlich das Phänomen auch gewesen sein mag? Vielleicht haben Sie einen obdachlosen Bettler an einer Straßenecke angesehen und plötzlich intensive Einsamkeit, Schmerz und Scham gespürt, nur weil Sie ihn angesehen haben. Das ist Einfühlungsvermögen.

Was ist Empathie?

Empathie ermöglicht es den Menschen, die Gefühle eines anderen zu verstehen. Wenn man ein einfühlsamer Mensch ist, kann man mit einem Blick genau erkennen, was jemand anderes fühlt, als ob man selbst den gleichen Schmerz empfindet. Man ist in der Lage, sich in die Lage der anderen Person zu versetzen, ihre Gefühle zu verstehen und genau zu erkennen, wie sie sich auswirkt. Sie können im Grunde genommen den Geisteszustand des anderen verstehen, erkennen und nachempfinden.

Einfühlungsvermögen ist eine merkwürdige Fähigkeit, die

normalerweise auf den ersten Blick erkennbar ist, aber auch von jemandem ausgeübt werden kann, der in einem Raum mit starken Emotionen sitzt. Wer einfühlsam ist, ist in der Lage, subtile Hinweise aufzugreifen, z. B. die Spannung im Raum oder die Art und Weise, wie die Menschen sich verhalten und präsentieren, und zu erkennen, was auf die eine oder andere Weise getan werden muss. Weil sie so bereitwillig nachempfinden können, was andere fühlen, gehen hochgradig einfühlsame Menschen in der Regel weit darüber hinaus, um ihren Mitmenschen zu helfen.

Arten von Empathie

Es gibt drei Haupttypen von Empathie, die sich im Laufe des Lebens zeigen, und jeder dient einem etwas anderen Zweck. Letztendlich sind Menschen mit einer Kombination der drei Empathietypen am besten bedient, aber es ist eher ungewöhnlich, in allen drei Typen besonders einfühlsam zu sein. Diese drei Arten der Empathie sind emotionale Empathie, kognitive Empathie und mitfühlende Empathie.

Emotionales Einfühlungsvermögen

Emotionales Einfühlungsvermögen bezieht sich auf die Fähigkeit, zu fühlen, was jemand anderes fühlt. Wenn Sie sehen, dass jemand starke Emotionen zeigt, sind Sie in der Lage, die Situation schnell zu lesen und genau zu verstehen, was die andere Person fühlt. Vielleicht sind Sie hochsensibel für die Schwingungen in einem Raum oder erkennen die Spannung. Unabhängig davon, wie Sie die Spannung, die Kämpfe und die Emotionen wahrnehmen können, werden Sie oft unkontrolliert von den Gefühlen der anderen Person überwältigt, als ob Sie in ihren Schuhen stecken würden.

Wenn Sie zum Beispiel die Straße entlanggehen und ein kleines Kind sehen, das verängstigt ist und schluchzt, ohne dass Erwachsene in der Nähe sind, fühlen Sie vielleicht, wie Ihr Herz vor Angst und Kummer klopft. Sie verstehen, dass das Kind wahrscheinlich völlig verängstigt ist und dass die Eltern wahrscheinlich auch völlig verängstigt sind, und Sie fühlen die gleiche Angst. Das ist emotionale Empathie. Sie sehen und verstehen die Gefühle.

Kognitive Empathie

Bei der kognitiven Empathie hingegen kann man zwar jemanden ansehen und seine Gefühle auf einen Blick verstehen, aber man fühlt sie nicht auf dieselbe Weise wie der emotionale Empath. Sie können das weinende Kind sehen und genau verstehen, warum das Kind weint, aber Sie fühlen nicht das gleiche überwältigende Gefühl der eigenen Angst als Reaktion. Stattdessen sind Sie in der Lage zu schauen und zu rationalisieren, warum das Kind weint - in diesem Fall, weil es sich verirrt hat und kleine Kinder sich natürlich danach sehnen, bei ihren Eltern zu sein - und es kann sehr vorteilhaft sein, rational und besonnen zu bleiben. Sie können vorhersagen, was das Kind als Nächstes tun wird - wahrscheinlich schreiend weglaufen oder auf dem Boden zusammenbrechen und weiter unkontrolliert schluchzen - und da Sie dies vorhersagen können, können Sie sicherstellen, dass Sie Ihr eigenes Verhalten entsprechend anpassen. Dieser besondere Zweig der Empathie ist unglaublich wichtig, wenn es darum geht, wie man andere Menschen beeinflussen und überzeugen kann.

Mitfühlendes Einfühlungsvermögen

Getrennt von den beiden anderen Empathien ist die mitfühlende Empathie eine Art Kombination der beiden. Stellen Sie sich dies als die aufgeklärteste der Empathien vor - sie ermöglicht es dem Einzelnen, jemand anderen zu sehen und genau zu verstehen, was diese andere Person durchmacht. Der mitfühlende Empath sieht den

Schmerz der anderen Person und fühlt ihn. Hinzu kommt die Ebene der kognitiven Empathie - die Person ist in der Lage, auch die Gedanken der anderen Partei zu verstehen und Vorhersagen auf der Grundlage von Verhaltensweisen zu treffen, wenn sie versucht zu verstehen, was passiert. Diese beiden Empathien verbinden sich, und der Einzelne verspürt den starken Wunsch, anderen in seiner Umgebung zu helfen. Der Einzelne fühlt sich motiviert, die Emotionen zu spüren und die Gedanken der anderen Person zu verstehen. Das zeichnet eine gute Führungspersönlichkeit aus - jemand, der sehen und verstehen kann und den Menschen in seiner Umgebung wirklich helfen will.

Zweck der Empathie

Ähnlich wie Emotionen hat auch Empathie einen wichtigen Zweck. Sie hat die Aufgabe, die Überlebenschancen der Spezies zu verbessern. Dies wird durch drei verschiedene Schritte erreicht, die für die Empathie als Ganzes wesentlich sind. Diese drei Schlüsselkonzepte sind Kommunikation und Bindung, Regulierung des eigenen Verhaltens und Förderung der Selbstlosigkeit. Jedes dieser drei Konzepte trägt auf unterschiedliche Weise zum Überleben der Menschheit bei.

Kommunikation und Bindung

Wenn Sie in der Lage sind, die Emotionen Ihrer Mitmenschen zu erkennen und zu spüren, sind Sie besser in der Lage, zu kommunizieren und eine Beziehung aufzubauen. Stellen Sie es sich so vor: Wenn Sie verstehen, dass Ihr Nachbar gestresst ist, weil er versucht, seinen Zaun vor dem Regen am Wochenende zu reparieren, können Sie erkennen, was Ihr Nachbar braucht, und ihm anbieten, den Stress zu lindern. Indem Sie die unbewussten Hinweise der anderen Person verstehen und sehen, wie Sie das Unbehagen lindern können, sind Sie in der Lage, eine Lösung anzubieten, die die Bindung zwischen Ihnen beiden fördert und erleichtert. Indem Sie erkennen, wann Ihre Mitmenschen Hilfe brauchen und entsprechend reagieren, können Sie Beziehungen aufbauen, die Ihnen gut tun.

Regulierung der eigenen Verhaltensweisen

Wenn Sie sehen können, wie andere Menschen Ihr eigenes Verhalten verstehen, erhalten Sie wertvolle Einblicke, die Sie zur Selbstregulierung nutzen können. Wenn Sie z. B. sehen, dass jemand an dem, worüber Sie sprechen, desinteressiert ist, ist das ein Hinweis darauf, das Thema zu wechseln oder das, worüber Sie sprechen, so darzustellen, dass die andere Person wieder ins Gespräch kommt. Sie können sogar noch einen Schritt weiter gehen: Wenn Sie sehen, dass jemand durch Ihre Worte oder Handlungen verletzt oder verärgert wird, und Sie sich in die andere Person einfühlen, ist die Wahrscheinlichkeit sehr viel größer, dass Sie Ihr Handeln einstellen wollen. Wenn Sie sich vorstellen, wie Sie sich fühlen würden, wenn die Rollen vertauscht wären, ist es wahrscheinlicher, dass Sie aufhören wollen, einfach weil Sie verstehen, wie Sie sich in der gleichen Situation fühlen würden. Wenn Sie den Schmerz des anderen verstehen und nachempfinden, können Sie Ihr eigenes Verhalten regulieren.

Ermutigung zur Selbstlosigkeit

Und schließlich soll die Empathie die Selbstlosigkeit fördern. Durch die beiden vorangegangenen Ziele, nämlich sich selbst zu regulieren und zu kommunizieren, sind Sie eher geneigt, anderen helfen zu wollen. Stellen Sie sich das einmal so vor: Wenn Sie sehen würden, dass es Ihrem besten Freund schlecht geht, und Sie hätten die Möglichkeit, dieses Leiden zu lindern, würden Sie es tun? Die meisten Menschen würden das bejahen, denn niemand sieht gerne zu, wie Menschen, die er liebt, ganz allein im Elend versinken. Dies dient auch einem weiteren Zweck: Wenn Sie den Menschen in Ihrer Umgebung helfen, ist es viel wahrscheinlicher, dass sie den Gefallen erwidern wollen, wenn Sie Hilfe brauchen. Wenn Menschen sich selbstlos verhalten, ist die Wahrscheinlichkeit, dass die gesamte Gruppe überlebt, sehr viel größer. Wenn Sie z. B. Ihrem Nachbarn etwas zu essen geben, weil er nichts zu essen hat, wird er viel eher anhalten und Ihnen helfen, wenn er sieht, dass etwas kaputt ist und repariert werden muss, damit es wieder funktioniert.

Wenn diese drei grundlegenden Ziele der Empathie zusammenwirken, sind die Menschen eher in der Lage, in relativem Frieden zu leben, wenn sie von einander umgeben sind. Sie werden einander helfen wollen, zu überleben, und sie werden auch weiterhin einander helfen wollen, zu überleben, wenn jeder auf das Beste für den anderen achtet.

PRINZIPIEN DER ÜBERREDUNG

Überredung ist vielleicht eine der harmlosesten Arten, die Gedanken anderer zu kontrollieren. In gewissem Sinne handelt es sich dabei um Gedankenkontrolle, weil man jemanden buchstäblich dazu bringt, sein Denken so zu verändern, wie es der Überredende für richtig hält. Wenn Sie die Kunst des Überzeugens anderer beherrschen, können Sie diese Macht, wenn es nötig ist, auf eine Art und Weise einsetzen, die sowohl für Sie selbst als auch für die Menschen in Ihrer Umgebung, die Sie überzeugen wollen, von Vorteil ist. Von den verschiedenen Formen der dunklen Psychologie ist diese die am wenigsten heimtückische. Sie versteckt sich nicht und versucht nicht, andere zu etwas zu zwingen. Stattdessen ist sie offen und ehrlich - sie wirbt für ihr Ziel und versucht, die Menschen in ihrem Umfeld zu ermutigen, etwas zu tun, weil sie es wollen und nicht aus Zwang. Der Überzeugungstäter möchte, dass alle mit ihm übereinstimmen, aber nicht so sehr, dass er es erzwingen oder andere dazu zwingen muss.

Wenn Sie versuchen, jemanden zu überzeugen, sollten Sie sich an sechs Grundsätze erinnern. Diese zu verstehen und zu nutzen, kann unglaublich nützlich sein, wenn es darum geht, andere Menschen zu beeinflussen. Diese sechs Prinzipien sind Reziprozität, Konsistenz, sozialer Beweis, Sympathie, Autorität und Knappheit. Nehmen Sie sich ein paar Minuten Zeit, um sich mit jedem dieser Prinzipien vertraut zu machen. Sie werden im weiteren Verlauf des Buches immer wieder auf diese Konzepte stoßen, wenn es um eine Vielzahl von Manipulations- und Überzeugungstaktiken geht.

Gegenseitigkeit

Reziprozität ist das Konzept, dass Menschen etwas zurückgeben wollen, wenn sie etwas erhalten. Wenn Sie jemandem helfen, ist es viel wahrscheinlicher, dass die andere Person Ihnen hilft. Die Reziprozität versucht, dieses Konzept zu nutzen, indem sie es als eine Wahrheit der Menschheit anerkennt und erkennt, wie nützlich es sein kann, um andere dazu zu ermutigen, das zu tun, was ein Überzeugungstäter wünscht.

Das zeigt sich sogar in Restaurants: Wenn der Kellner oder die Kellnerin Ihnen am Ende des Essens zusammen mit der Rechnung ein paar Pralinen oder einen Glückskeks bringt, ist die Wahrscheinlichkeit größer, dass Sie ein höheres Trinkgeld geben, als wenn Sie stattdessen nichts bekommen hätten. Das erklärt, warum so viele Restaurants diese billigen Minzbonbons oder Kekse anbieten - sie wollen sich das zusätzliche Trinkgeld verdienen.

Sie können sich dieses Konzept zu Nutze machen, indem Sie immer erst überlegen, was Sie für andere Menschen tun können, bevor Sie die andere Person bitten, etwas für Sie zu tun. Wenn Sie innehalten und fragen, was sie für Sie tun können, werden Sie wahrscheinlich nicht so weit kommen, wie wenn Sie innehalten und zuerst fragen, was Sie für jemand anderen tun können. Sie werden staunen, wenn Sie das das nächste Mal versuchen. Versuchen Sie zunächst, dies in einer Umgebung zu tun, in der relativ wenig auf dem Spiel steht. Fragen Sie vielleicht Ihren Ehepartner, wie Sie ihm eines Abends helfen können, und bitten Sie ihn im Nachhinein um einen Gefallen. Wenn der Gefallen angemessen ist, wird Ihr Ehepartner wahrscheinlich einwilligen!

Konsistenz

Konsistenz ist ein bisschen schwieriger zu verstehen. Es ist die Idee, dass Menschen aktive Verpflichtungen gegenüber ihrer Umwelt eingehen und sich verpflichtet fühlen, diese auch einzuhalten. Wenn man eine Verpflichtung eingeht, verspürt man den Drang, diese auch einzuhalten, einfach weil man als zuverlässig und engagiert gelten möchte. Auch wenn dies für die Überzeugungsarbeit nicht unbedingt relevant zu sein scheint, sollten Sie Folgendes bedenken: Wenn Sie jemanden dazu bringen können, sich zu etwas zu verpflichten, ist es wahrscheinlicher, dass er es später auch durchzieht. Menschen sind von Natur aus bestrebt, das zu tun, was sie versprochen haben. Wenn Sie also wollen, dass jemand etwas für Sie tut, sollten Sie immer versuchen, eine Art Verpflichtung einzugehen, um sicherzustellen, dass die Sache auch zu Ende geführt wird.

Wenn Sie die Verpflichtung eingegangen sind, sollten Sie sie Ihrem Umfeld bekannt machen. Indem Sie die Zusage der Person bekannt machen, z. B. indem Sie den Leuten auf der Arbeit erzählen, dass John sich bereit erklärt hat, Ihnen die ganze Woche über beim Kopieren zu helfen, üben Sie zusätzlichen Druck auf die Person aus. John wird sich viel eher bemühen, seine Zusage einzuhalten, weil er möchte, dass auch andere ihn als zuverlässig ansehen. Wenn die Meinung mehrerer Leute über ihn auf dem Spiel steht, ist er viel eher geneigt, das, was er zugesagt hat, durchzuziehen und abzuschließen.

Vergessen Sie jedoch nicht, dass dies freiwillig geschehen muss. Die andere Person muss das tun wollen, worum Sie sie bitten, oder sie wird sich nicht wirklich gezwungen fühlen, die Aufgabe zu Ende zu bringen. Wenn Sie beispielsweise versuchen, die andere Person dazu zu zwingen, Ihre Kopierarbeiten zu erledigen, und sie widerwillig zustimmt, nur um Sie loszuwerden, wird sie nicht denselben angeborenen Drang verspüren, die Arbeit zu Ende zu bringen, als wenn sie dies freiwillig getan hätte.

Sozialer Beweis

Wann haben Sie das letzte Mal einen Raum betreten, sich umgesehen und wussten nicht so recht, was Sie tun sollten? Wenn Sie sich nicht sicher sind, denken Sie an das letzte Mal, als Sie zum ersten Mal ein belebtes öffentliches Gebäude betreten haben - vielleicht waren Sie völlig verwirrt darüber, was von Ihnen erwartet wurde oder wo Sie warten sollten. Anstatt einfach nur dazustehen, ohne etwas zu tun, haben Sie sich wahrscheinlich an den Hinweisen der Menschen um Sie herum orientiert - Sie haben an den sozialen Beweis appelliert. Sie wollten dazugehören und haben sich daher entschieden, das zu tun, was die anderen um Sie herum taten, auch wenn Sie noch unsicher waren, ob das das Richtige war.

Menschen verlassen sich oft auf die sozialen Hinweise ihrer Umgebung, um zu verstehen, was sie tun, denken oder fühlen sollten. Insbesondere wollen die Menschen eher ihren Altersgenossen folgen als Autoritäten oder Untergebenen.

Das Verständnis dieses Konzepts kann unglaublich wichtig sein, wenn es um Überzeugungsarbeit geht - wenn Sie eine neue Gruppe von Schützlingen bei der Arbeit einführen wollen, ist es am einfachsten, wenn Sie eine einzelne Person zuerst an Bord holen und es allen anderen erlauben, dem Beispiel dieser einen Person zu folgen. Damit haben Sie Ihre eigene Arbeitsbelastung verringert und die anderen um Sie herum können schnell und einfach eingearbeitet werden.

Liebenswürdigkeit

Letztlich lassen sich Menschen viel eher überzeugen, wenn sie die Person, die sie zu überzeugen versucht, mögen. Es ist eine einfache Tatsache des Lebens - Menschen wenden sich natürlich an diejenigen, die sie kennen und denen sie vertrauen, und sie nehmen eher den Rat von jemandem an, dem sie vertrauen, als von jemandem, den sie nicht kennen. Dies kann auf vielfältige Weise genutzt werden, und selbst wenn die andere Person Ihnen gegenüber völlig neu ist oder Sie noch nicht gut genug kennt, um Sie zu mögen, gibt es Möglichkeiten, sie zu überzeugen, Sie zu mögen, damit Sie sie zu einem späteren Zeitpunkt überzeugen können.

Es gibt drei Dinge, die dazu führen, dass Menschen eher geneigt sind, jemanden zu mögen. Das sind: Sympathie, Lob und die Fähigkeit, auf ein gemeinsames Ziel hinzuarbeiten. Wenn Sie sich diese Eigenschaften zu Nutze machen können, ist es viel wahrscheinlicher, dass Sie jemand anderen dazu bringen, Sie zu mögen.

Wenn Sie sympathisch sind, kommen die Leute wahrscheinlich besser mit Ihnen zurecht. Wenn Sie sich in jemanden hineinversetzen können, sind Sie besser in der Lage, sich in ihn hineinzuversetzen, was es ihm ermöglichen kann, zu erkennen, dass er Sie wirklich mag. Der einfachste Weg, sich in Situationen, in denen Sie z. B. als Verkäufer tätig sind, sympathisch zu machen, besteht darin, von Anfang an ein kleines Detail über sich selbst zu erzählen oder Ihr Zimmer oder Büro mit Bildern oder Gegenständen zu dekorieren, die für Sie von Bedeutung sind. Vielleicht haben Sie Bilder von Ihren Kindern aufgehängt, oder Sie entscheiden sich, ein Foto von sich selbst bei der Ausübung eines Hobbys hinzuzufügen. Alles ist möglich, solange es Sie persönlich zeigt.

Zweitens sollten Sie, wenn Sie sympathisch sein wollen, immer darauf achten, die andere Person zu loben. Sie können jedoch nicht einfach etwas erfinden oder etwas sagen, das Sie nicht so meinen - Sie müssen der anderen Person ein echtes Kompliment machen. Wenn Sie bei einem Lob lügen, wird dies oft als Manipulation angesehen und als Versuch, die andere Person aus reiner Schmeichelei zu überzeugen, dass sie Ihnen helfen möchte. Auch wenn Sie das Kompliment vielleicht eher machen, um die Person zu überzeugen, als aus Freundlichkeit, sollten Sie dennoch darauf achten, dass Ihre Worte echt sind.

Schließlich sollten Sie sicherstellen, dass Sie und Ihr Gesprächspartner auf das gleiche Ziel hinarbeiten. Wenn Sie beide auf ein gemeinsames Ziel hinarbeiten, wird die andere Person viel eher bereit sein, mit Ihnen zu arbeiten. Selbst in Situationen, in denen Sie weitaus mehr profitieren als die andere Person, z. B. in einem Verkaufsjob, wenn Sie versuchen, ein Auto zu verkaufen, und Sie buchstäblich eine Provision auf der Grundlage der Kosten des gekauften Autos erhalten, sollten Sie deutlich machen, dass Sie auf ein gemeinsames Ziel hinarbeiten. Dies können Sie tun, indem Sie darauf hinweisen, dass Sie der anderen Person helfen wollen, oder durch Formulierungen wie "helfen Sie mir, Ihnen zu helfen", die der anderen Person das Gefühl geben, dass Sie auf ihrer Seite sind. Schließlich wollen Sie ja auch, dass die andere Person bekommt, was sie will, und dass das, was sie will, für beide Seiten von Vorteil ist.

Behörde

In bestimmten Situationen und bei der Entscheidungsfindung wollen die Menschen natürlich auf Autoritäten vertrauen. Aus diesem Grund lassen sich Menschen von Anwälten oder Ärzten beraten oder wenden sich an einen Fachmann, der ihnen bei der Steuererklärung hilft. Wenn man glaubt, dass jemand anderes aufgrund seiner Erfahrung oder Ausbildung über alle relevanten Informationen verfügt, fällt es viel leichter, sich dem zu unterwerfen, was diese Person denkt oder vorschlägt. Indem man die Autorität anerkennt, die einer anderen Person aufgrund ihrer Erfahrung und Ausbildung zukommt, kann man vermeiden, dass man aufgrund mangelnder Erfahrung oder Unkenntnis der Funktionsweise einer Sache eine falsche Entscheidung trifft. Würden Sie denn wollen, dass eine Kindergärtnerin entscheidet, welche Operation Sie durchführen lassen sollten, um ein Problem zu beheben? Wenn diese Erzieherin nicht zufällig auch eine Zulassung als Chirurgin hat, lautet die Antwort wahrscheinlich nein.

Dies ist für die Überzeugungsarbeit von großer Bedeutung: Wenn Sie sich auf irgendeine Weise als Autorität zu einem Thema etablieren können, werden die Menschen in Ihrer Umgebung viel bereitwilliger und glücklicher sein, dem nachzukommen, was Sie von ihnen verlangen, was Ihnen zugute kommen wird. Glücklicherweise gibt es mehrere Möglichkeiten, wie Sie sich einfach und schnell Autorität verschaffen können. Am einfachsten ist es, wenn Sie dafür sorgen, dass Ihre Legitimation sichtbar ist. Bringen Sie sie auf Ihrem Namensschild an oder hängen Sie Ihr Diplom an die Wand direkt hinter Ihrem Schreibtisch. Sie könnten auch dafür sorgen, dass Ihre Sekretärinnen beim Eintreten Ihrer Kunden irgendeine Kleinigkeit anbieten, die Ihre Autorität unterstreicht. Wenn Sie Autos verkaufen, könnte Ihre Sekretärin etwas darüber sagen, dass Sie der Topverkäufer des Monats sind, oder wenn Sie Zahnarzt sind, könnte die Empfangsdame demjenigen, der den Termin vereinbart, ein Loblied auf Sie singen. Sie könnten dies auch selbst tun, indem Sie kleine Details über sich selbst erzählen, wenn der Kunde zum ersten Mal Ihr Büro betritt, z. B. dass Sie einmal an einer renommierten Universität studiert haben. Indem Sie auf subtile und natürliche Weise Ihre Referenzen erwähnen, heben Sie sich als Autorität hervor und gewinnen dadurch an Überzeugungskraft und Einfluss.

Knappheit

Der letzte Grundsatz der Überzeugungskraft ist die Knappheit. Auch dieses Prinzip ist recht einfach - es geht buchstäblich um Angebot und Nachfrage. Wenn Dinge weniger leicht verfügbar sind, sehen die Menschen sie als wertvoller an, und wenn sie leichter verfügbar sind, werden sie als weniger wertvoll angesehen, einfach weil sie so leicht zugänglich sind. Sie können Knappheit auf verschiedene Arten einführen, je nach Kontext.

In einer Beziehung können Sie eine schwerwiegende Entscheidung befristen, z. B. die Entscheidung, zusammenzuziehen oder auf einen Vorschlag zu antworten. Wenn Sie versuchen, jemandem etwas zu verkaufen, können Sie deutlich machen, dass das Angebot, das zu diesem Zeitpunkt auf dem Tisch liegt, begrenzt ist und in Kürze ausläuft. Damit setzen Sie die andere Person unter Druck, sich schnell zu entscheiden.

Während Sie die Einschränkungen auf den Tisch legen, sollten Sie auch deutlich machen, was die andere Person wahrscheinlich verlieren wird, wenn sie das Angebot nicht schnell annimmt. Wenn Sie sich auf den Verlust konzentrieren, wird die andere Person eher bereit sein, schnell zu handeln, weil Menschen nicht gerne auf etwas verzichten wollen.

Eine weitere Möglichkeit, Knappheit zu erzeugen, besteht darin, etwas zu begrenzen. Denken Sie daran, wie Restaurants zeitlich begrenzte Angebote machen, z. B. ausgefallene Getränke oder Menüpunkte. Diese sind nur für einen kurzen Zeitraum erhältlich, und die Leute fallen oft auf den Trick herein und versuchen, das zeitlich begrenzte Produkt zu bekommen, nur damit sie sagen können, dass sie es haben. Vor allem in der heutigen Zeit, in der die sozialen Medien so einflussreich sind und die Menschen alles für die sozialen Medien aufbereiten wollen, ist die Wahrscheinlichkeit größer, dass sie sich auf die Suche nach einem seltenen Produkt machen, nur um sagen zu können, dass sie es haben.

ÜBERREDUNG VS. MANIPULATION

Viele Menschen erkennen die Unterschiede zwischen Manipulation und Überredung nicht. Obwohl beide darauf abzielen, eine andere Person zu überzeugen, etwas anderes zu tun, unterscheiden sie sich in genügend wichtigen Punkten, um völlig unterschiedlich eingestuft zu werden. Die eine ist nur für den Manipulator von Vorteil (Manipulation), während die andere im Idealfall beiden Personen zugute kommt. Aufgrund dieser wesentlichen Unterschiede ist Manipulation weitaus heimtückischer als Überredung. Der Manipulator sieht die andere Person als Werkzeug, als Mittel zum Zweck, während der Überredungskünstler die andere Person als Partner sieht.

Überzeugung definieren

Obwohl es bei der Überredung darum geht, die Meinung einer anderen Person zu ändern, ist dies nicht unbedingt etwas Schlechtes - es gibt viele Möglichkeiten, die Überredung unschuldig oder wohlwollend einzusetzen. Überredung ist jede Methode, die aktiv die Gedanken, Gefühle, Handlungen oder Einstellungen einer anderen Person gegenüber einer anderen Person oder Sache verändert. Diese Veränderung wird als Überredung angesehen. Sie kann sich selbst gegenüber erfolgen, indem man seine eigene Einstellung ändert, oder sie kann auch auf andere Menschen angewandt werden.

Normalerweise wird Überzeugung als eine Form der Beeinflussung eingesetzt - sie ist allgegenwärtig. Es gibt sie in der Werbung, in der Politik, in der Schule, im Beruf und überall, wo man sich etwas vorstellen kann. Wenn Ihnen etwas einfällt, ist die Wahrscheinlichkeit groß, dass es irgendwo und irgendwie eine Art von Überzeugungsschicht gibt.

Um jemanden zu überzeugen, müssen vier Schlüsselelemente vorhanden sein. Diese vier Elemente sind:

- Jemand, der die Überzeugungsarbeit leistet
- Die Botschaft oder die Überzeugung
- Ein Adressat für die Überzeugungsarbeit
- Ein Kontext, in dem die Überzeugung empfangen wird

Jedes dieser vier Schlüsselelemente muss vorhanden sein, damit etwas als persuasiv angesehen werden kann. Das bedeutet natürlich, dass auch Manipulation in die Kategorie der Überredung fällt.

Definition von Manipulation

In der Psychologie ist Manipulation eine Art der Beeinflussung oder Überredung, aber im Gegensatz zur normalen Überredung ist Manipulation verdeckt, trügerisch oder hinterhältig. Das bedeutet, dass Manipulation im Gegensatz zu normaler Überzeugungsarbeit, die möglichst ehrlich sein soll, oft nicht vertrauenswürdig ist. Der Manipulator wird keine Skrupel haben, über die Situation zu lügen oder zu versuchen, die Zielperson zu zwingen, etwas zu glauben, solange er bekommt, was er will.

Der Manipulator will nur sich selbst dienen - das Ziel ist ihm egal, und es ist ihm egal, das Ziel zu verletzen. Die Zielperson wird lediglich als Kollateralschaden betrachtet - ein notwendiges Opfer, um die gewünschten Ergebnisse zu erzielen. Daher sind Manipulationstaktiken oft sehr ausbeuterisch und fast immer heimtückisch und schädlich. Für eine erfolgreiche Manipulation sind drei Schlüsselkonzepte erforderlich. Diese drei sind:

- Die Absichten und Verhaltensweisen verbergen und gleichzeitig freundlich bleiben

- Verstehen der Schwachstellen des Opfers oder der Zielperson und Ausnutzung dieser Schwachstellen zum Vorteil des Manipulators
- Rücksichtslos genug sein, um sich nicht um den Schaden zu kümmern, der dem Opfer zugefügt wird

Manipulation kann verschiedene Formen annehmen, aber die meisten von ihnen folgen dem Muster, dass sie verdeckt und schädlich sind und dem Manipulator keine Schuldgefühle verursachen. Mehrere dieser Methoden werden später in diesem Buch in verschiedenen Kapiteln behandelt.

Wesentliche Unterschiede

Letztlich sind sich Überredung und Manipulation recht ähnlich: Sie sind beide Formen der sozialen Beeinflussung, aber da enden die Gemeinsamkeiten auch schon. Während Überredung im Allgemeinen positiv ist, sogar innerhalb der dunklen Psychologie, ist es Manipulation nicht. Manipulation ist in jeder Hinsicht schädlich, rücksichtslos und heimtückisch.

Wenn Sie entscheiden wollen, ob etwas manipulativ oder überzeugend ist, können Sie sich einige Fragen stellen, um zu entscheiden. Mit diesem einfachen Test können Sie analysieren, was Sie tun und sagen, um sicherzustellen, dass Sie die Entscheidungen treffen, die für Sie am besten geeignet sind.

Wenn Sie nicht auf Manipulation aus sind, aber die Fragen Ihnen sagen, dass Sie sich auf die Seite der Manipulation schlagen, dann wissen Sie, dass Sie die manipulativen Faktoren ein wenig abschwächen sollten.

Diese Fragen lauten:

- Welche Absicht hat dazu geführt, dass Sie das Bedürfnis

haben, die andere Person von etwas zu überzeugen?

- Sind Sie ehrlich in Bezug auf Ihre Absicht und den Prozess?
- Welchen Nutzen hat die andere Person davon?

Der Überredende wird versuchen, die andere Person aus einer guten Position heraus zu überzeugen - er will der anderen Person irgendwie helfen. Auch wenn er vielleicht selbst davon profitiert, geht es ihm in erster Linie um das Wohl der anderen Person. Sie könnten z. B. versuchen, jemanden davon zu überzeugen, ein bestimmtes Auto zu kaufen, weil es für seine Familie besser geeignet ist als das Auto, das die Person gerade anschaut. Dies würde als Überzeugungsarbeit gewertet werden - Sie bieten Fakten über das andere Auto an und zeigen, dass es die Person wahrscheinlich länger und besser bedienen würde.

Auf der anderen Seite geht es dem Manipulator nicht um die Bedürfnisse der anderen Person - er wird versuchen, das durchzusetzen, was ihm am meisten nützt. Es gibt keine guten Absichten und es wird wahrscheinlich auch nicht viel Wahrheit dabei herauskommen. Es ist auch unwahrscheinlich, dass es der anderen Person viel oder gar keinen Nutzen bringt, und es kann sogar schädlich für die andere Person sein. So kann der Manipulator beispielsweise versuchen, ein Auto zu verkaufen, das für den Käufer nichts taugt, nur weil das andere Auto vielleicht mehr Geld wert ist und daher eine viel höhere Provision einbringt. Das Auto ist für die Bedürfnisse des Käufers wahrscheinlich nicht sehr gut geeignet, aber das ist nicht die Sorge des Manipulators. Der Manipulator würde dies als etwas ansehen, das der Käufer selbst wissen sollte, und sich nicht die Mühe machen, den Käufer auf die Möglichkeiten hinzuweisen, die ihm eine Fehlentscheidung ermöglichen, selbst wenn der Manipulator weiß, dass die Entscheidung falsch war.

ETHISCHE ÜBERZEUGUNGSARBEIT

Da Überredung und Manipulation so eng miteinander verwandt sind und sich eigentlich nur in einigen wenigen Punkten unterscheiden, fragen Sie sich vielleicht, wie Sie Ihre eigene Überredung ethisch korrekt gestalten können. Vielleicht fragen Sie sich sogar, warum irgendjemand überzeugen will, und sei es auf ethische Weise.

Hierfür gibt es einen einfachen Grund: Andere zu überzeugen, kann für die andere Person oft sehr vorteilhaft sein, vor allem, wenn man es tut, um die andere Person zu verbessern. Denken Sie an die beste Führungspersönlichkeit, der Sie je in Ihrem Leben begegnet sind. Vielleicht war es ein Lehrer, der eine Art an sich hatte, die die Leute immer dazu brachte, sich zu verhalten. Seine bloße Anwesenheit reichte aus, um selbst die lästigsten Schüler bei der Stange zu halten, auch wenn diese Schüler nur selten im Unterricht sein wollten. Er konnte die Leute wirklich in den Unterricht einbeziehen und jeden ansprechen, so dass selbst die Schüler, die das eigentliche Lernen in der Schule weitgehend vermeiden würden, engagiert blieben. Er konnte dies durch seine eigene Überzeugungskraft erreichen. Macht dies den Lehrer zu einem schlechten Menschen? Ganz und gar nicht - er wusste einfach, wie er seine Botschaften am besten an seine Adressaten übermitteln konnte, und so gelang es ihm, die Menschen in seiner Umgebung zu überzeugen, aufmerksam zu sein.

Ethische Überzeugungsarbeit kann in einer Vielzahl von Situationen eingesetzt werden. Sie kann bei Ihren eigenen Kindern eingesetzt werden, damit sie sich gut benehmen. Sie kann am Arbeitsplatz eingesetzt werden, um stressige Situationen zu entschärfen. Sie kann eingesetzt werden, um eine Einigung mit dem Ehepartner oder einem Freund zu erzielen. Es gibt endlose Möglichkeiten für ethische Überzeugungsarbeit, wenn Sie bereit sind, ihr eine Chance zu geben.

Definition von Ethik

Jetzt kommt der langweilige Teil - Ethik. Viele Menschen hören das Wort und haben das Gefühl, dass ihr Gehirn sofort abschaltet, nur weil sie es mit Philosophie in Verbindung bringen. Ethik ist jedoch in jedem Zusammenhang wichtig, auch wenn Sie nicht vorhaben, eine der in diesem Buch vorgestellten Fähigkeiten zu nutzen.

Ethik ist, so einfach wie möglich ausgedrückt, die moralischen Grundsätze, die uns bei allem, was wir tun, leiten. Sie sollen das Verhalten des Einzelnen steuern und sicherstellen, dass er sich so verhält, dass es für seine Mitmenschen nützlich und respektvoll ist.

Denken Sie an die goldene Regel, die Sie vielleicht schon im Kindergarten gelernt haben - behandle andere so, wie du selbst behandelt werden möchtest. Das ist Ethik in ihrer einfachsten Form.

Die Bedeutung der Ethik

So langweilig Ethik auch sein mag, ihre Bedeutung lässt sich nicht leugnen. Denken Sie an Ärzte und Anwälte - sie haben strenge Ethikkodizes, die befolgt werden müssen, um sicherzustellen, dass korrekte Kunden-Berufsbeziehungen entstehen. Auch wenn Sie kein Arzt oder Rechtsanwalt sind, sollten Sie sich dennoch bemühen, ein ethisches Leben zu führen, einfach um das Gefühl zu haben, niemandem Unrecht getan zu haben. Wenn Sie in der Lage sind, sich ethisch zu verhalten, können Sie sicherstellen, dass die Grundbedürfnisse Ihrer Mitmenschen erfüllt werden. Indem Sie sich ethisch verhalten, stellen Sie sicher, dass Sie Ihre Mitmenschen respektieren, und fördern gleichzeitig die Glaubwürdigkeit zwischen Ihnen und anderen.

Wenn Sie ethisch bleiben, können Sie Ihre eigenen Beziehungen zu anderen Menschen verbessern. Sie werden Sie als wertvollen Verbündeten und Aktivposten sehen - als jemanden, der immer auf alle anderen achtet und ihnen nicht auf die Füße tritt. Das ist ideal, um persönliche Beziehungen zu entwickeln, aber auch um berufliche Beziehungen am Arbeitsplatz aufzubauen.

Ethik kann auch bei der Entscheidungsfindung helfen - da sie einen bestimmten Standard vorgibt, der befolgt werden sollte, sind die Menschen in der Lage, schnellere Entscheidungen zu treffen, die verantwortungsbewusst sind und sicherstellen, dass für andere gesorgt wird. Insgesamt können Sie professionell und zuverlässig bleiben, wenn Sie einen ethischen Standpunkt vertreten.

Ethisch bleiben

Es mag schwierig erscheinen, mit der Ethik zu jonglieren, wenn man versucht, jemand anderen von etwas zu überzeugen, aber es gibt ein hilfreiches Anagramm, das Ihnen dabei hilft: TARES. Es steht für Wahrhaftigkeit, Authentizität, Respekt, Gerechtigkeit und soziale Verantwortung. Wenn Sie dies im Hinterkopf behalten, während Sie versuchen, Ihre Mitmenschen zu überzeugen, können Sie Ihr eigenes Verhalten besser unter Kontrolle halten.

Denken Sie daran, dass Überzeugungsarbeit im richtigen Kontext für alle Beteiligten von Vorteil sein kann. Sie muss nicht vermieden werden, nur weil sie in die gleiche Kategorie sozialer Einflüsse fällt wie Manipulation. Wenn sie richtig eingesetzt wird, ist Überzeugung ein mächtiges Instrument, das es Ihnen ermöglicht, weiterhin auf ethische Weise zu handeln und gleichzeitig andere davon zu überzeugen, das zu tun, was Sie für richtig halten.

Wahrheitsliebe

Wenn Sie Ihre Überzeugungskraft und Ihre Absichten prüfen, sollten

Sie zunächst den Wahrheitsgehalt Ihrer Aussagen analysieren. Wenn Sie versuchen, Ihr Gegenüber zu überzeugen, sollten Sie aus gutem Grund wahrheitsgemäß und ehrlich bleiben - Sie wollen, dass Ihr Gegenüber informiert ist. Wenn Sie ethisch bleiben, sollten Sie die andere Person als eine eigene Person mit einem eigenen freien Willen anerkennen, die ihren eigenen Respekt verdient, so wie Sie es auch für sich selbst wünschen würden. Sie würden nicht wollen, dass jemand anderes Ihren eigenen freien Willen verletzt, und deshalb sollten Sie darauf achten, dass Sie auch den freien Willen anderer nicht verletzen.

Wenn Sie den Wahrheitsgehalt prüfen, fragen Sie sich, ob das, was Sie gesagt haben, wahr ist. Darüber hinaus müssen Sie sich aber auch fragen, ob Sie Informationen ausgelassen haben, die Ihrer Meinung nach die Person negativ beeinflussen oder sie davon abhalten könnten, so zu handeln, wie Sie es sich wünschen. Sie müssen sicherstellen, dass Sie sowohl in Ihrer Kommunikation als auch in Ihrer Nicht-Kommunikation wahrheitsgemäß sind - stellen Sie sicher, dass Sie keine sachdienlichen Informationen auslassen, unabhängig davon, ob die andere Person danach gefragt hat oder nicht. Sie wollen sicherstellen, dass die andere Person so gut wie möglich informiert ist, denn Sie wollen, dass die andere Person bereitwillig und ohne Zwang oder Manipulation dem zustimmt, was Sie verlangen.

Authentizität

Der nächste Test für ethische Überzeugungsarbeit besteht darin, die Authentizität des Dargebotenen festzustellen. Auf den ersten Blick mag dies ähnlich aussehen wie die Überprüfung der Wahrhaftigkeit, aber es geht noch ein wenig weiter. Bei der Wahrhaftigkeit geht es darum, sicherzustellen, dass alles korrekt ist und vollständig und wahrheitsgemäß wiedergegeben wird. Bei der Authentizität überprüfen Sie den Wahrheitsgehalt der Botschaft, die Sie zu vermitteln versuchen. Sie müssen sich fragen, ob Sie das, was Sie tun, mit guten Absichten tun. Das bedeutet, dass Sie nicht stereotypisieren, verallgemeinern oder Ängste einsetzen, um die Person zu erschrecken, damit sie Ihnen zustimmt.

Letztlich müssen Sie sicherstellen, dass die Botschaft, die Sie vermitteln, aus guten Gründen erfolgt. Eine einfache Möglichkeit, dies zu testen, ist die Frage, ob Sie dem Gesagten Glauben schenken würden, wenn Sie nur die Informationen selbst erhalten würden. Wenn Sie z. B. versuchen, jemanden zum Kauf eines Autos zu überreden, und Sie sich in der Situation dieser Person befänden, z. B. auf der Suche nach einem Familienauto, in das drei Autositze passen, würden Sie dann die Botschaft, die Sie vermitteln, als ehrlich, authentisch und vertrauenswürdig ansehen? Wenn Sie das Gefühl haben, dass Sie der Argumentation zustimmen würden, ist die Botschaft wahrscheinlich authentisch. Wenn Sie denken, dass Sie ein Problem mit den dargebotenen Informationen haben könnten, sollten Sie die Situation und Ihr eigenes Verhalten und Ihre Worte überdenken, um sicherzustellen, dass Sie Ihre Überzeugung mit der Ethik in Einklang bringen .

Respekt

Als Nächstes sollten Sie prüfen, ob Sie mit Respekt handeln und überzeugen. Erkennen Sie die individuellen Bedürfnisse der Person, die Sie zu überzeugen versuchen, an? Ist das, was Sie sagen, etwas, das Sie auch anderen Menschen mitteilen würden, oder wäre es Ihnen peinlich oder beschämend, einen völlig Fremden von der Botschaft zu überzeugen, die Sie übermitteln? Wenn Sie beispielsweise versuchen, jemanden zum Kauf eines Minivans zu überreden, appellieren Sie dann an eine Art Geschlechterklischee, oder bieten Sie wirklich völlig neutral die Vorteile an, die ein Minivan zu bieten hat, z. B. wie geräumig die Sitze sind und wie schön es ist, Türen zu haben, die sich aufschieben lassen, anstatt aufzuschwingen, wenn man versucht, die Kinder im Auge zu behalten.

Wenn Sie das Gefühl haben, dass Ihre Botschaft in irgendeiner Weise auf Stereotypen beruht oder nicht auf die Person zugeschnitten ist, die Sie mit Ihrer Überzeugungsarbeit ansprechen wollen, sollten Sie nach Möglichkeiten suchen, wie Sie die Botschaft ändern können.

Sie sollten sicherstellen, dass das, was Sie versuchen, die andere Person zu überzeugen, nicht beleidigend ist und auch nicht auf eine beleidigende Art und Weise geschieht. Sie sollten z. B. nicht sagen, dass die andere Person nicht gebildet sein darf, weil sie einer bestimmten Minderheit angehört, die einen geringeren Anteil an höherer Bildung hat, und dass sie deshalb wahrscheinlich dieses eine bestimmte Auto haben möchte, nach dem viele Minderheiten mit geringerem Bildungsstand fragen. Das wäre in dieser Situation nicht angemessen - es respektiert die Person nicht als Person und ist auch generell nicht respektvoll.

Vermeiden Sie Stereotypen und versuchen Sie, die Person, der Sie helfen, wirklich kennenzulernen und zu verstehen, um sicherzustellen, dass die Informationen, die Sie präsentieren, so relevant, respektvoll und überzeugend wie möglich sind.

Eigenkapital

Der vierte Schritt bei der Analyse Ihrer Überzeugungsarbeit ist also die Gerechtigkeit. Wenn Sie versuchen, sicherzustellen, dass Ihre Botschaft gerecht ist, versuchen Sie sicherzustellen, dass sowohl Sie als auch die andere Person auf einem gleichwertigen Spielfeld stehen. Das ist unglaublich wichtig - Sie wollen nicht durch Zwang oder durch das Ausnutzen der Unwissenheit der anderen Person führen. Wenn Sie versuchen, die andere Person zu überzeugen, sollten Sie sicherstellen, dass Sie ihr so viele Informationen wie möglich zur Verfügung stellen, damit sie das Gefühl hat, dass eine informierte Entscheidung möglich ist.

Wenn Menschen versuchen, andere zu überzeugen, spielen sie oft mit einem Mangel an Informationen. Wenn jemand falsch informiert ist, ist es viel einfacher, diese Fehlinformation auszunutzen. Wenn zum Beispiel jemand zu einer medizinischen Behandlung kommt und um etwas bittet, das viel teurer ist und weit über das hinausgeht, was die Person tatsächlich braucht, wäre es für den Arzt unethisch, dies zu akzeptieren, ohne jemals über weniger invasive Behandlungsmöglichkeiten zu sprechen, die für sie in Frage kämen. Dasselbe wollen Sie mit Ihrer Überzeugungsarbeit erreichen. Um auf das Beispiel des Autoverkäufers zurückzukommen: Sie haben einen Kunden, der sein Auto in Zahlung geben möchte, weil es bereits 100.000 Meilen gelaufen ist, und der Kunde hat immer gehört, dass das Auto nach 100.000 Meilen nicht mehr zuverlässig ist und ersetzt werden muss. Als Verkäufer dachten Sie vielleicht, dass dies die perfekte Gelegenheit für einen zusätzlichen Verkauf wäre, aber im weiteren Verlauf des Gesprächs erfahren Sie, dass die Person nicht in der Lage ist, sich ein neues Auto zu kaufen, sondern meint, dies einfach aufgrund des Kilometerstandes tun zu müssen, obwohl alles einwandfrei funktioniert. Es wäre unethisch, wenn Sie die Person nicht auf die Informationen hinweisen würden, von denen Sie wissen, dass sie sie davon abhalten würden, das Auto zu kaufen, denn wenn Sie sie nicht darauf hinweisen, würden Sie ihren Mangel an Informationen zu diesem Thema einfach ausnutzen. Das ist nicht fair - die andere Person verdient ein gleiches Spielfeld, wenn sie Entscheidungen trifft, selbst wenn die Weitergabe dieser Informationen dazu führen kann, dass die Person sich gegen das entscheidet, wozu Sie sie eigentlich überreden wollen.

Soziale Verantwortung

Die letzte Methode zur Überprüfung der ethischen Überzeugung ist die soziale Verantwortung. Hier halten Sie inne, um zu sehen, ob Ihre Überzeugungsarbeit für die Beratung als Ganzes von Nutzen ist. Wenn dies nicht der Fall ist, wie können Sie Ihre Überzeugungsarbeit ändern, um sicherzustellen, dass Sie dabei diejenigen schützen, die möglicherweise benachteiligt sind? Denken Sie daran, dass der Sinn von Überzeugungsarbeit darin besteht, Menschen davon zu überzeugen, etwas aus eigenem Antrieb zu tun - es ist nicht beabsichtigt, anderen Menschen zu schaden, und es sollte auch nicht dazu führen, dass andere in Not geraten.

Wenn Ihre Überzeugungsarbeit im Allgemeinen eine gute Sache ist und keine negativen Auswirkungen auf die Welt als Ganzes hat, wenn Sie also zum Beispiel niemanden dazu bringen, rassistisch über etwas zu denken, und wenn sie alle anderen Schritte durchlaufen hat, dann ist Ihre Überzeugungsmethode wahrscheinlich solide und Sie können mit ihr fortfahren. Wenn sie an irgendeiner Stelle gescheitert ist, sollten Sie sicherstellen, dass Sie daran arbeiten, Ihre Überzeugungsmethoden ethischer zu gestalten. Denken Sie daran, dass Ethik respektvoll ist. Sie behandelt Menschen mit grundlegendem menschlichen Anstand, etwas, das jeder verdient.

MANIPULATOREN

Nach all dem Gerede über Überzeugung und Ethik ist es nun an der Zeit, einen ersten Blick auf die dunkle Seite der dunklen Psychologie zu werfen. In diesem Kapitel geht es um die Psyche von Manipulatoren, wobei wir uns die häufigsten Merkmale von Manipulatoren genauer ansehen. Interessanterweise lassen sich viele Manipulatoren einfach durch ein bestimmtes Verhaltensmuster vorhersagen. Obwohl sie alle aus unterschiedlichen Verhältnissen kommen, verhalten sie sich oft recht ähnlich.

In diesem Kapitel werden Sie einen Blick auf die gemeinsamen Eigenschaften werfen, die Manipulatoren typischerweise ausüben, Sie werden etwas über die dunkle Triade erfahren, eine besonders gefährliche Triade von Verhaltensweisen, die die schlimmsten und gefährlichsten Manipulatoren aufweisen, und einige der am häufigsten erkannten Verhaltensweisen von Manipulatoren in Ihrer Umgebung.

Dieses Kapitel ist im Wesentlichen ein Crashkurs zum Erkennen und Verstehen eines Manipulators, der Ihnen alle Grundlagen vermittelt.

Denken Sie daran, dass Wissen Macht bedeutet, und mit dieser Macht können Sie sich davor schützen, den heimtückischen Bemühungen der Manipulatoren zu erliegen, die nichts anderes wollen, als ihre eigenen egoistischen Interessen zu erfüllen.

Eigenschaften von Manipulatoren

Manipulatoren folgen in der Regel sozusagen einem Spielbuch. Sie verhalten sich auf bestimmte Art und Weise, suchen sich ähnliche Menschen als Ziel und wollen ähnliche Dinge.

Dies sind einige der häufigsten Merkmale von Manipulatoren sowie

Beispiele für jedes dieser Verhaltensweisen und wie sie dem Manipulator dabei helfen können, andere Menschen zu verletzen oder zu erreichen, was er will.

Wenn Sie dies lesen, werden Sie erkennen, dass Manipulatoren, insbesondere diejenigen, die die dunkle Triade treffen, viele der Eigenschaften vermissen lassen, die uns grundsätzlich menschlich machen wie mangelndes Einfühlungsvermögen.

Egoistisch

Oft sind Manipulatoren so sehr mit sich selbst, ihren Errungenschaften und Zielen beschäftigt, dass sie sich weigern anzuerkennen, dass die Menschen in ihrer Umgebung vielleicht auch eigene Ziele haben, die sie gerne erreichen würden.

Der Manipulator ist viel mehr mit seinen eigenen egoistischen Interessen beschäftigt, als dafür zu sorgen, dass die Menschen in seiner Umgebung ebenfalls zufrieden sind, und er wird die Menschen in seiner Umgebung dazu benutzen, sein eigenes Ego auf verschiedene Weise zu stärken. So kann er zum Beispiel einen Kollegen, den er als minderwertig ansieht, ständig herabsetzen, nur weil sich sein eigenes Ego dadurch besser fühlt.

Machiavellismus

Dies ist ein Glaube, dass der Zweck die Mittel heiligt. Diese Menschen sind in der Regel recht manipulativ und glauben, dass es in Ordnung ist, den Leuten zu sagen, was sie hören wollen, um das richtige Verhalten zu erreichen, und dass der einzige Unterschied zwischen einem Kriminellen und einem Durchschnittsmenschen letztlich darin besteht, dass der Kriminelle erwischt wurde. Menschen mit dieser Eigenschaft sind für das ungeschulte Auge oft recht charmant und charismatisch, aber alles, was sie tun, ist manipulativ. Dies ist ein Teil der dunklen Triade.

Moralisch losgelöst

Menschen, die in der Lage sind, sich moralisch zu lösen, kümmern sich nicht darum, sich ethisch zu verhalten. Sie betrachten ihre Mitmenschen nicht als respektwürdig oder fair behandelt und würden stattdessen lieber bekommen, was sie wollen, ohne Rücksicht auf die Gefühle ihrer Mitmenschen. Es ist ihnen egal, wen sie verletzen oder was sie tun müssen - Schuldgefühle kommen nicht auf, ganz gleich, was sie tun. Stellen Sie sich zum Beispiel jemanden vor, der die Straße entlanggeht und beschließt, ein Fahrrad zu stehlen, das ein Kind im Hof liegen gelassen hat. Der Person, die moralisch unbeteiligt ist, ist es egal, dass sie gerade ein Kind bestohlen hat - es ist ihr völlig egal. Er fühlt sich nicht schlecht wegen seines Verhaltens.

Narzissmus

Narzissten gehören ebenfalls zur dunklen Triade und sind Menschen mit einer narzisstischen Persönlichkeitsstörung. Sie erfüllen in der Regel drei Hauptkriterien: Sie sind größenwahnsinnig, haben das ständige Bedürfnis, im Mittelpunkt zu stehen, und sind nicht in der Lage, Empathie zu empfinden. Narzissten manipulieren häufig andere Menschen, damit sie entweder an ihre angeborene Überlegenheit glauben, oder sie manipulieren andere, damit sie sie mit Bewunderung und Aufmerksamkeit überhäufen, um ihr Ego bei Laune zu halten. Der Narzisst übertreibt zum Beispiel oft mit seinen Leistungen, um die Bewunderung anderer zu steigern.

Anspruchsberechtigung

Oft glauben die Manipulatoren, dass sie anderen überlegen sind. Für diesen Anspruch brauchen sie keine Beweise - sie behaupten das gerne, egal was passiert, und es liegt am Rest der Welt, ihnen das Gegenteil zu beweisen. Sie glauben, dass sie besser sind als andere, und das wird als Rechtfertigung für die Manipulation benutzt. Da sie eindeutig überlegen sind, sollten sie natürlich diejenigen sein, die Entscheidungen für den Rest der Menschen treffen, die offensichtlich nicht in der Lage sind, für sich selbst zu denken.

Psychopathie

Der letzte Teil der dunklen Triade, die Psychopathie, bezieht sich auf eine einzigartige Kombination aus einem tiefgreifenden Mangel an Empathie und Selbstkontrolle. Psychopathen sehen keinen Grund, sich in einer freundlichen, ethischen Weise zu verhalten, weil sie kein Mitgefühl empfinden. Sie sehen keine Notwendigkeit, auf die Gefühle anderer einzugehen, wenn sie die Gefühle anderer nicht verstehen. Sie sind auch sehr impulsiv und entscheiden sich oft für Verhaltensweisen, die gefährlich oder zerstörerisch sind, einfach weil sie es können. Sie manipulieren andere, um zu bekommen, was sie wollen, weil ihnen die sozialen Signale der Empathie fehlen, die sie sonst davon abhalten würden. Ein Psychopath kann zum Beispiel beschließen, dass er etwas haben möchte, das ein Familienmitglied besitzt, und alle Fäden ziehen, um es zu bekommen, wobei er zunächst verdeckt vorgeht und schließlich der anderen Person mit körperlichem Schaden droht, wenn sie es ihm nicht gibt.

Sadismus

Sadisten genießen es, andere Menschen zu verletzen. Ob körperlich oder seelisch, spielt keine Rolle - beides ist für den Sadisten ein Vergnügen. Diese Menschen manipulieren andere nur aus Spaß an der Freude und genießen es, die Folgen im Nachhinein zu beobachten. Jemand, der zum Beispiel ständig Probleme zwischen Freunden verursacht, indem er einem Freund das eine und dem anderen das Gegenteil sagt, nur um Probleme zu verursachen und die Folgen zu beobachten, könnte ein Sadist sein.

Egoismus

Oftmals tun Manipulatoren dies, weil sie ihre eigene Position in der Welt verbessern wollen, ohne sich Gedanken darüber zu machen, welche Auswirkungen dies auf die Menschen um sie herum hat. Sie sehen andere Menschen nur als Sprossen auf einer Leiter, die es zu erklimmen gilt, und können daher ihre Manipulation rechtfertigen. Sie sind bereit, jemanden anzulügen, um ihn zum Scheitern zu bringen, damit sie einen besseren Job bekommen oder bei einem Vorstellungsgespräch besser abschneiden. Solange die Lügen und Manipulationen dem egoistischen Manipulator in irgendeiner Weise zugute kommen, tut er das gerne. Der Zweck heiligt in seinen Augen die Mittel.

Gehässigkeit

Manchmal tun diejenigen, die andere manipulieren, dies, weil sie das Gefühl haben, dass die Person, die sie zu manipulieren versuchen, ihnen zuerst Unrecht getan hat. Sie sehen die andere Person als den Schuldigen an und handeln auch so. Selbst wenn die Manipulation sie in irgendeiner Weise verletzt oder ihre Situation verschlimmert, tun sie dies gerne, weil sie das Gefühl haben, dass es sich lohnt, sich an der anderen Person zu rächen. Wenn Sie beispielsweise beschlossen haben, sich von Ihrem Mann zu trennen, lässt er vielleicht das Haus zwangsversteigern, weil er weiß, dass Sie es nicht allein bezahlen können, obwohl dies auch seiner Kreditwürdigkeit schaden wird. Er sieht diese Beeinträchtigung seiner eigenen Kreditwürdigkeit und die Tatsache, dass er auch sein Haus verlieren wird, als Kollateralschaden an.

Dunkle Triade

Wie Sie sehen können, gibt es verschiedene Eigenschaften, die ein Manipulator annehmen kann. Die gefährlichste und heimtückischste

Kombination von manipulativen Eigenschaften ist jedoch die dunkle Triade. Die dunkle Trias umfasst Narzissmus, Machiavellismus und Psychopathie. Diese drei Eigenschaften zusammen ergeben unglaublich gefährliche Menschen, die nachweislich eher Verbrechen begehen, soziale Probleme verursachen und in Organisationen oder Unternehmen regelmäßig destruktiv wirken, vor allem, wenn es ihnen gelingt, eine wie auch immer geartete Führungsrolle zu übernehmen.

Bei der dunklen Triade mangelt es den Menschen typischerweise an Empathie, Mitgefühl und Kooperationsbereitschaft. Sie erinnern sich vielleicht daran, dass alle drei dieser Eigenschaften für das Überleben der Spezies entscheidend sind. Menschen nutzen Einfühlungsvermögen, um zu kommunizieren und sich selbstlos zu verhalten. Sie zeigen Mitgefühl, um sicherzustellen, dass für alle gesorgt ist. Menschen nutzen Kooperation, um Bindungen zu fördern und dafür zu sorgen, dass sich Gruppen gegenseitig mögen, während sie gleichzeitig die Überlebenschancen erhöhen. Denjenigen, die die dunkle Triade aufweisen, fehlt die Fähigkeit zu all diesen Dingen, was sie unglaublich gefährlich macht. Sie sind für die meisten Menschen unberechenbar, die sich niemals vorstellen könnten, dass sich jemand so gefühllos oder manipulativ verhalten würde wie jemand, der die dunkle Triade aufweist. Aus diesem Grund können sich Menschen mit der dunklen Triade unbemerkt einschleichen, plötzlich so viel Schaden anrichten, wie sie können, und dann spurlos verschwinden und die Menschen in ihrem Umfeld verwirrt zurücklassen. Wenn Sie sich mit jemandem einlassen, der die Merkmale der dunklen Triade aufweist, wird er wahrscheinlich unglaublich manipulativ sein, ohne Rücksicht auf Ihre eigene Fürsorge, und er wird sehr gefühllos sein. Auch wenn er anfangs den Anschein erweckt hat, dass er großartig ist, so ist dies doch nur ein

Schauspiel, das ihm erlauben soll, sich lange genug in Wohlgefallen zu üben, um zu bekommen, was er will.

Erkennen eines Manipulators

Letztendlich kann das Verständnis der Eigenschaften eines Manipulators von großem Nutzen sein, aber das Verständnis dieser Eigenschaften schützt Sie nicht, wenn Sie nicht wissen, wie Sie die Handlungen eines Manipulators erkennen können. Wenn Sie lernen, welche Verhaltensweisen die größten Warnsignale sind, können Sie einen Manipulator mit größerer Wahrscheinlichkeit auf frischer Tat ertappen und erkennen, so dass Sie weit weniger anfällig für seine Possen und seinen Missbrauch sind.

Manipulatoren weisen in der Regel vier gemeinsame Merkmale auf: Sie sind Meister im Aufspüren von Schwächen bei anderen, sie nutzen diese Schwächen, die sie aufdecken, gegen andere aus, sie manipulieren andere, damit sie etwas aufgeben, das ihnen nützt, und sie wiederholen diese Manipulation so lange, bis sie gestoppt werden, und selbst dann machen sie wahrscheinlich noch eine Weile weiter.

Wenn Sie versuchen zu erkennen, ob Sie es mit einem Manipulator zu tun haben, achten Sie auf diese allgemeinen Anzeichen.

Taten der Macht

Manipulatoren wollen immer Macht. Ihr Verlangen nach mehr Macht ist nahezu unersättlich - sie wollen mehr und werden alles tun, um es zu bekommen. Da sie sich häufig in Positionen befinden, in denen sie glauben, anderen überlegen zu sein, werden sie immer wieder als solche auftreten und versuchen, andere Menschen zu zwingen, ihnen zu gehorchen, um zu beweisen, dass sie überlegen sind. Dies ist für sie ein Akt der Macht - sie bekommen, was sie wollen, durch manipulative Methoden.

Zu schön, um wahr zu sein

Manipulatoren scheinen anfangs oft perfekt zu sein. Das hat einen guten Grund - wenn sie ihr wahres Gesicht schon früh zeigen würden, würde sich niemand mit ihnen abgeben wollen. Aus diesem Grund nehmen sie sich die Zeit, um ein gutes Verhältnis zu den meisten Menschen in ihrer Umgebung aufzubauen, wenn sie unter neu sind. Sie tun dies auf verschiedene Weise, am häufigsten durch Schmeicheleien und Liebesbombardements. Diese Taktiken werden später ausführlich besprochen, sind aber jetzt schon wichtig zu wissen. In beiden Fällen sagt der Manipulator genau das, was die Menschen in seiner Umgebung hören wollen, nur um ihnen Honig ums Maul zu schmieren, und die Menschen in seiner Umgebung werden darauf hereinfallen.

Bösartiger Humor oder Sarkasmus

Oft machen Manipulatoren gerne Witze, die verletzend sind, und wenn sie darauf angesprochen werden, sagen sie der anderen Person, dass es nur ein Scherz war. Wenn Sie sehen, dass jemand ständig andere verletzt, darüber lacht und die andere Person beschuldigt, zu ernst zu sein, ist er oder sie möglicherweise ein Manipulator. Mit diesem Humor zeigt der Manipulator seine Überlegenheit, indem er sein eigenes Ego aufbläht und gleichzeitig die andere Person herabsetzt.

Schuldgefühle

Oft setzen Manipulatoren Schuldgefühle als bevorzugte Taktik ein. Dies geschieht, um die andere Person mit Schuldgefühlen zur Unterwerfung zu bringen, typischerweise mit langen Seufzern und Reden darüber, wie enttäuscht sie sind, dass sie nicht bekommen haben, was sie wollten. Sie können auch Verhaltensweisen wie die Schweigebehandlung anwenden oder die andere Person beschimpfen, weil sie nicht gut genug ist, in der Hoffnung, dass die Schuldgefühle die andere Person dazu bringen, es besser zu machen. Schuldgefühle bei Manipulatoren beinhalten manchmal auch die Androhung von Selbstverletzungen oder Selbstmord. Auch wenn diese Drohungen in der Regel nicht ernst gemeint sind, sollten Sie sich immer an die Behörden wenden, wenn jemand zu Ihnen kommt und die Absicht hat, sich selbst oder andere zu verletzen.

Laute Ausbrüche

Oft werden Manipulatoren aggressiv, wenn sie das Gefühl haben, dass etwas nicht wie geplant gelaufen ist. Da sie sich selbst als überlegen und daher als Autorität betrachten, erwarten sie, dass andere sich ihnen anschließen. Wenn sie herausgefordert werden oder das Gefühl haben, dass niemand ihre Erwartungen erfüllt, werden sie oft laut und aggressiv. Dies ist nicht nur ein Wutanfall, der dem eines Kindes ähnelt, sondern dient auch dazu, die anderen Parteien zu zwingen und einzuschüchtern, sich zu unterwerfen.

OPFER

So wie Manipulatoren häufig alle möglichen ähnlichen Eigenschaften und Verhaltensweisen aufweisen, haben sie auch einen ähnlichen Geschmack bei ihren Opfern.

Wie alle Raubtiere suchen sich Manipulatoren die einfachsten Ziele mit den besten Erfolgsaussichten. So wie ein Wolfsrudel die schwächsten Mitglieder einer Herde auswählt, suchen sich Manipulatoren Menschen, die sie für emotional leichte Ziele halten, und nutzen eine Art natürliches Gespür dafür, wen sie angreifen. Da sie auf diese spezifischen Eigenschaften abzielen, sind sie in der Regel unglaublich effizient in ihrem Tun.

Manipulatoren beherrschen die Kunst, das perfekte Ziel auszusuchen. Werfen Sie einen Blick auf einige der am häufigsten angegriffenen Eigenschaften sowie auf die Anzeichen dafür, dass jemand in Ihrer Umgebung missbraucht oder manipuliert wird.

Charaktereigenschaften eines Opfers

Auch wenn einige Manipulatoren andere Personen ins Visier nehmen, wird die überwiegende Mehrheit ein leichtes Ziel suchen, das sie nicht als Herausforderung sehen. Wenn sie andere manipulieren, wollen sie sichergehen, dass sie damit durchkommen, ebenso wie mit allen Verhaltensweisen, mit denen sie die andere Person bloßstellen wollen.

Manche Manipulatoren gehen nie über die emotionale Ausbeutung hinaus, während andere sich bis hin zum körperlichen oder sexuellen Missbrauch vorarbeiten. Letztlich sind dies einige der leicht auszunutzenden Eigenschaften, nach denen Manipulatoren überall suchen.

Einfühlsam

Das perfekte Manipulationsopfer ist einfühlsam. Wenn sie einfühlsam sind, sind sie viel leichter zu manipulieren. Denken Sie an die Gründe, warum Manipulatoren dazu neigen, zu manipulieren - einer ist, dass sie bekommen wollen, was sie wollen. Ein Empath kann sich schnell in die Bedürfnisse der anderen Person hineinversetzen und ist viel wahrscheinlicher bereit, diese Bedürfnisse zu erfüllen, sei es durch Aufmerksamkeit, Zuneigung oder Gesellschaft. Das macht den Empathen zu einem idealen Ziel.

Außerdem sind Empathen, vor allem wenn sie einige der anderen Kriterien auf dieser Liste erfüllen, häufig recht nachsichtig. Sie sind schnell bereit, schlechtes Verhalten als Zufall oder unglückliche Folge der Umstände abzutun und glauben eher, dass der Manipulator das Verhalten nicht fortsetzen wird. Sie fallen auch eher auf Schuldgefühle herein, was ihre Manipulation etwas einfacher macht als die anderer. Was der Empath vor allem bietet, ist die Geduld, die nötig ist, um die Eskapaden des Manipulators zu ertragen.

Betreuer

Menschen mit einer Betreuerpersönlichkeit fühlen sich wohl, wenn sie sich um andere kümmern. Sie lieben es, dafür zu sorgen, dass die Bedürfnisse der Menschen um sie herum erfüllt werden. Sie kümmern sich von Natur aus um die Bedürfnisse anderer und sind oft auch sehr einfühlsam. Da sie sich erfüllt fühlen, wenn sie sich um die Bedürfnisse anderer kümmern, können Manipulatoren in der Regel die Dinge so verdrehen, dass sie bekommen, was sie wollen. Der Manipulator ist recht geschickt darin, die Betreuungsperson davon zu überzeugen, dass er etwas braucht, was er nicht braucht, und die Betreuungsperson, die sicherstellen will, dass der

Manipulator versorgt ist, wird dies tun.

Vor allem Pflegekräfte neigen dazu, sehr geduldig zu sein - sie sind bereit, weit mehr als nötig zu ertragen, einfach weil sie das Gefühl haben, dass sie damit umgehen können. Sie verzichten wahrscheinlich darauf, eine Beziehung zu beenden, die sie als missbräuchlich oder manipulativ empfinden, wenn sie glauben, dass die Ursache für den Missbrauch oder die Manipulation in alten Wunden des Manipulators liegt, die dieses Verhalten überhaupt erst verursachen. Stattdessen wird die Betreuungsperson die Manipulation ertragen, während sie fleißig versucht, die Probleme des Manipulators zu lösen.

Codeabhängig

Die Persönlichkeiten der Co-Abhängigen und der Betreuungsperson sind sich unglaublich ähnlich - sowohl die Co-Abhängige als auch die Betreuungsperson werden sich in ihre Beziehung stürzen, in der Hoffnung, den Manipulator zu reparieren, aber die Co-Abhängige wird sich voll und ganz mit der Beziehung identifizieren. Die Co-Abhängige ist eher bereit, weitaus schlimmere Manipulationen und Misshandlungen hinzunehmen, einfach weil sie das Gefühl hat, dass sie sich nicht von dem Manipulator lösen kann. Obwohl sie vielleicht erkennt, was geschieht, fühlt sie sich so sehr mit dem Manipulator und der Beziehung verbunden, dass sie das Gefühl hat, es gäbe kein Leben ohne den Manipulator. Ihre Identität besteht darin, sich um den Manipulator zu kümmern und jede seiner Launen zu befriedigen, sogar zu ihrem Nachteil. Auch wenn es ihr weh tut, tut sie es trotzdem, bis zu einem gewissen Grad. Ihre Abhängigkeit wird für sie zu einem Streitpunkt, da die Beziehung, die sie als das Einzige empfindet, was sie ist, auch ihr schadet. Auch wenn ihr die Art und Weise, wie sie behandelt wird, nicht gefällt, wird sie sich weiterhin in die Beziehung stürzen wollen.

Aufgewachsen in Dysfunktion

Diejenigen, die inmitten von Funktionsstörungen aufgewachsen sind, haben oft eine verzerrte Vorstellung davon, was normal ist. Sie sehen die Art und Weise, wie sie aufgewachsen sind, als normal an und kehren oft zu dem zurück, was ihnen vertraut ist, selbst wenn das Vertraute schädlich ist. Für diese Menschen sind die Verhaltensweisen des Manipulators möglicherweise unauffällig, vor allem, wenn Manipulation eines der Hauptmerkmale ihrer eigenen dysfunktionalen Erziehung war.

Da sie mit ungesunden Beziehungen aufgewachsen sind, ist ihre eigene Toleranz gegenüber Missbrauch in der Regel ziemlich extrem. Sie sind vielleicht verärgert, sehen es aber als unwürdig an, eine Beziehung oder Freundschaft zu beenden. Selbst Dinge wie körperliche Misshandlung sind für diejenigen, die damit aufgewachsen sind und für die solche Misshandlungen zur Normalität geworden sind, kein Problem. Das macht sie zu besonders leichten Zielscheiben, weil sie so tolerant und bereits desensibilisiert sind gegenüber einem Großteil der Misshandlungen und Manipulationen, die der Manipulator anwendet.

Geringes Selbstwertgefühl

Eine der attraktivsten Eigenschaften, die ein Manipulator bei der Suche nach einem Opfer an den Tag legt, ist vielleicht ein geringes Selbstwertgefühl. Wie Sie beim Durcharbeiten der eher techniklastigen Teile dieses Buches erfahren werden, ist die Zerstörung des Selbstwertgefühls oft ein zentrales Thema bei vielen der Manipulationen, die Sie kennenlernen werden. Manipulatoren brauchen Menschen mit geringem Selbstwertgefühl, weil sie sich nicht wehren oder die Dinge erschweren werden - stattdessen werden sie sich den Missbrauch gefallen lassen und alles akzeptieren, was gesagt wird, einfach weil sie nicht das Selbstwertgefühl haben, sich selbst zu vertrauen.

Da der erste aktive Schritt bei vielen Manipulationen in der Regel die Zerstörung des Selbstwertgefühls ist, lieben Manipulatoren Abkürzungen. So wie ein Wolf sich den Schwächsten in einer Herde aussucht, sucht sich der Manipulator das leichteste Ziel, und das sind häufig diejenigen, deren Selbstwertgefühl bereits so schwach und zerrüttet ist, dass sie ungestraft tun können, was sie wollen.

Je mehr dieser Merkmale eine Person aufweist, desto attraktiver ist sie für den Manipulator. Wenn Sie also das Gefühl haben, eines dieser Anzeichen bei sich selbst zu erkennen, handelt es sich wahrscheinlich um Ihre Schwächen. Wenn Sie zum Beispiel wissen, dass Sie ein geringes Selbstwertgefühl haben, sollten Sie sich darüber im Klaren sein, wie sich das gegen Sie auswirken kann, wenn Sie nicht vorsichtig sind.

Anzeichen für Missbrauch oder Manipulation

Oftmals zeigen Menschen, die manipuliert wurden, sehr ähnliche Verhaltensweisen. Nachdem sie so lange zum Opfer geworden sind, nehmen sie ähnliche Verhaltensmuster an, um sich selbst zu schützen. Werfen Sie einen Blick auf einige der am häufigsten auftretenden Anzeichen und Symptome von Manipulation.

Selbstaufopferung oder Märtyrertum

Diejenigen, die genug manipuliert wurden, entwickeln oft die Einstellung, dass sie es nicht verdienen, dass man sich um sie kümmert. Sie sehen sich selbst als entbehrlich an, nicht der Mühe wert, die es kosten würde, etwas für sich selbst zu tun. Anstatt sich darauf zu konzentrieren, sich selbst zu verbessern, konzentrieren sie sich darauf, sicherzustellen, dass der Manipulator versorgt wird, genau so, wie der Manipulator es beabsichtigt hat. Oftmals geben sie alles auf, worum man sie bittet, oder melden sich freiwillig, wenn sie etwas verpassen, einfach weil sie darauf konditioniert wurden.

Selbstsabotage

Oft ist das Opfer so sehr daran gewöhnt, nicht zu bekommen, was es will, dass es zu glauben beginnt, es verdiene nicht, dass seine Bedürfnisse erfüllt werden. Sie sind so sehr daran gewöhnt, als entbehrlich und mit ihren Bedürfnissen als unwichtig angesehen zu werden, dass sie anfangen, sich auch so zu verhalten.

Wenn sie etwas Schönes bekommen, glauben sie, dass sie es nicht verdient haben, was sie davon überzeugen kann, dass sie etwas tun sollten, um das, was sie haben, zu sabotieren. Wenn jemand zum Beispiel gerade einen neuen Job bekommen hat, der gut bezahlt wird, ist es möglich, dass er beschließt, dass er diesen Job nicht verdient, und weil er diesen Job nicht verdient, wird er möglicherweise unbewusst schlechte Leistungen erbringen, weil er glaubt, dass er sowieso nicht gut genug ist und es daher keinen Sinn hat, sich zu bemühen.

Scharfer Schutz des Täters

Menschen, die regelmäßig Missbrauch oder Manipulation ausgesetzt sind, werden häufig sehr defensiv und beschützen jeden, von dem sie das Gefühl haben, dass er sie bedroht. Da der Manipulator dem Opfer häufig einredet, dass es großes Glück hat, jemanden wie den Manipulator um sich zu haben, und die Gefühle der anderen Person absichtlich manipuliert, um die andere Person dazu zu bringen, sich zu verlieben, empfindet das Opfer oft widersprüchliche Gefühle, wenn schlecht über den Manipulator gesprochen wird.

Oft verteidigt das Opfer vehement den Manipulator gegenüber jedem, der etwas sagt, mit dem es nicht einverstanden ist, und hat das Gefühl, den Manipulator schützen zu müssen.

Fragen der psychischen Gesundheit

Aufgrund des ständigen Stresses durch den Manipulator ist es keineswegs ungewöhnlich, dass Menschen psychische Probleme entwickeln. Wenn das Opfer über einen längeren Zeitraum hinweg manipuliert, herabgesetzt und erniedrigt wird, damit der Manipulator ein Gefühl der Kontrolle über die manipulierte Person erlangt, ist es anfälliger für Depressionen und Angstzustände.

Misstrauisch sein

Nach einer Zeit, in der sie erniedrigt und manipuliert wurden, neigen Menschen dazu, ziemlich misstrauisch zu werden. Vor allem, wenn sie die Wahrheit herausgefunden haben und verstehen, dass jemand, dem sie vertraut hatten, sie auf die schlimmste Art und Weise ausgenutzt hat, verlieren sie die Fähigkeit, leicht und bereitwillig zu vertrauen.

Ängstliches Verhalten

Da Menschen, die manipuliert werden, oft an einen Punkt gelangen, an dem sie die Reaktion des Manipulators fürchten, wenn sie nicht nachgeben, was der Manipulator will, neigen die Opfer dazu, generell ängstlich zu werden.

Sie sind so sehr daran gewöhnt, dass jemand die Situation ausnutzt und ihnen ein schlechtes Gewissen einredet, wenn sie die Erwartungen nicht erfüllen, dass sie oft auch von anderen das Schlimmste erwarten. Sie werden ängstlich und gehen davon aus, dass die Menschen um sie herum die schlechtesten Absichten haben, und das führt zu einem ängstlichen Verhalten, insbesondere wenn das Opfer das Gefühl hat, dass es in irgendeiner Weise versagt hat.

Paranoia

Typischerweise entwickeln Menschen, die manipuliert werden, in iner Kombination aus Angst und Misstrauen eine paranoide Weltsicht. Sie machen sich Sorgen, dass sie ausgenutzt werden, auch wenn das nicht der Fall ist, und sie werden von Natur aus misstrauisch gegenüber denjenigen, die versuchen zu helfen, und nehmen an, dass irgendeine Art von Hintergedanken im Spiel ist, wenn jemand Hilfe anbietet. Wenn ein Manipulationsopfer zum Beispiel gefragt wird, ob es Hilfe beim Lernen für eine bevorstehende Prüfung benötigt, fragt es sich vielleicht, was die andere Person im Gegenzug dafür will, selbst wenn sie es einfach nur aus Freundlichkeit oder aus echtem Interesse daran tut, sie besser kennenzulernen, ohne dass damit eine Bedingung verbunden ist.

VORBEUGUNG GEGEN VIKTIMISIERUNG

Wenn Sie in der Lage sind, Manipulatoren in Ihrer Umgebung zu erkennen, ihre häufigsten Verhaltensweisen und Eigenschaften zu verstehen und zu erkennen, dass Sie möglicherweise einige der Eigenschaften haben, die Manipulatoren attraktiv finden, können Sie sich darauf vorbereiten, sich gegen die Manipulation durch verschiedene Taktiken zu wappnen. Jede dieser Taktiken kann Ihnen dabei helfen, die Fähigkeit zu entwickeln, für sich selbst einzustehen und Manipulatoren überall zu beweisen, dass Sie nicht bereit sind, sich zum Opfer machen zu lassen und sich ihren Unsinn nicht gefallen zu lassen. Indem Sie sich einige dieser Eigenschaften und Lebensweisen zu eigen machen, machen Sie sich selbst weniger begehrenswert und weniger manipulierbar, was normalerweise ausreicht, um die Manipulatoren in Schach zu halten. Denn ein schwieriges Ziel bringt den Manipulator in die Gefahr, dass seine Tarnung auffliegt, und das möchte kein Manipulator wirklich erleben.

Verstehen Sie Ihre Rechte

Die vielleicht wichtigste Möglichkeit, sich gegen Manipulatoren zu wehren, besteht darin, seine eigenen Menschenrechte zu erkennen und zu verstehen. Wenn Sie in der Lage sind, Ihre Rechte zu erkennen und zu wissen, was sie sind, können Sie auch verstehen, wenn sie verletzt werden. Wenn Sie in der Lage sind zu erkennen, wann jemand anderes Ihre Grundrechte verletzt, können Sie für sich selbst eintreten. Allein dadurch, dass Sie für sich selbst einstehen und dem Manipulator nicht erlauben, zu tun, was er will, schrecken Sie ihn ab. Sie machen deutlich, dass Sie kein leichtes Ziel sind, weil Sie wissen, welche Behandlung Ihnen zusteht, und Sie sind stark genug, diese durchzusetzen.

Zu den grundlegenden Rechten, die Sie als Einzelperson haben, gehören die folgenden:

Recht auf Respekt: Jeder Mensch verdient es, mit Respekt behandelt zu werden. Der Haken an der Sache ist, dass es zwei grundsätzlich verschiedene Arten gibt, das Wort Respekt zu verwenden - es kann bedeuten, dass man jemanden mit grundlegendem menschlichem Anstand behandelt, z. B. die Rechte und Grenzen der Menschen um einen herum anerkennt, oder es kann bedeuten, dass man eine Autorität respektiert, z. B. auf das hört, was jemand, der eine Autorität hat, sagt, was man tun soll. Diese beiden Arten von Respekt unterscheiden sich grundlegend. Sie haben ein Recht auf Respekt in dem Sinne, dass Sie mit menschlichem Anstand behandelt werden. Denken Sie daran, dass der Manipulator kein Recht auf Respekt im Sinne einer vermeintlichen Autorität hat - er hat vielleicht das Recht auf menschlichen Anstand, aber Sie müssen nicht gehorchen, was der Manipulator im Namen des Respekts sagt.

Recht auf freie Meinungsäußerung: Es steht Ihnen frei, alle Gedanken, Gefühle, Meinungen und Wünsche zu äußern, die Sie haben möchten. Natürlich steht es Ihnen nicht frei, sich in irgendeiner Weise zu verhalten, wenn dies gegen soziale Normen oder Gesetze verstößt oder einer anderen Person schadet, aber Sie sind mehr als willkommen, zu entscheiden, wie Sie sich zu einem Thema fühlen wollen, ohne dass jemand anderes Raum hat, Ihre Entscheidungen zu kritisieren. Denken Sie daran: Oftmals versuchen Manipulatoren, Menschen die Fähigkeit zu nehmen, selbst zu denken.

Recht auf Autonomie: Vor allem, wenn Sie volljährig sind, haben Sie die Freiheit, Ihre eigene Person zu sein. Sie können selbst entscheiden, was Sie zu Ihren Prioritäten zählen und was Sie als Zeitverschwendung betrachten. Niemand kann Ihnen ohne Ihre Zustimmung vorschreiben, wie Sie Ihre Zeit verbringen sollen, und wenn Sie bereit sind, für Ihre Freiheit, eigene Gedanken zu haben, und Ihre Autonomie einzutreten, wird sich der Manipulator sehr schnell langweilen. Wenn Sie nicht offen für seine Taktik sind, wird er seine Zeit nicht verschwenden, wenn es andere Menschen gibt, die viel leichter auf seine Tricks hereinfallen, ohne zu riskieren, sich selbst zu entlarven.

Das Recht, Nein zu sagen: Im Großen und Ganzen gibt es nur sehr wenig, was Sie gesetzlich tun müssen. Abgesehen davon, dass Sie Steuern zahlen und sicherstellen müssen, dass Sie nicht die Rechte anderer verletzen, steht es Ihnen weitgehend frei, zu tun oder zu lassen, was Sie wollen. Es steht Ihnen frei, dem Manipulator eine Absage zu erteilen, und Sie sollten dies auch tun können, ohne sich dabei schuldig zu fühlen.

Das Rcht, für sich selbst zu sorgen: Man sollte Ihnen niemals ein schlechtes Gewissen machen, weil Sie für sich selbst sorgen - schließlich sind Sie die einzige Person, die sich so um Sie kümmern kann, wie Sie es brauchen, und wenn Sie sich nicht auf sich selbst verlassen können, werden Sie feststellen, dass Sie und Ihre Gesundheit, sowohl körperlich als auch geistig, leiden. Das bedeutet auch, dass es Ihnen freisteht, sich vor schädlichen Personen zu schützen - selbst wenn es sich bei dem Manipulator um Ihre Mutter, Ihre Geschwister, Ihren Ehepartner oder sogar Ihr Kind handelt, haben Sie das Recht, für sich selbst einzutreten, auch wenn das letztlich bedeutet, dass Sie sich von der anderen Person abgrenzen, wenn sie sich weigert, Ihre Grenzen zu respektieren.

Recht auf Glück und ein gesundes Leben: Denken Sie daran, dass jeder Mensch ein Recht auf Glück hat und ein körperlich und seelisch gesundes Leben führen kann. Sie haben das Recht darauf und darauf, Ihr eigenes Glück durch all die oben genannten Dinge zu schaffen. Selbst wenn der Manipulator versucht, Sie davon zu überzeugen, dass Sie aus irgendeinem Grund kein Glück verdienen, erinnern Sie sich daran, dass Sie es verdienen, und weigern Sie sich, den Manipulator diesen Gedanken in Ihren Kopf setzen zu lassen.

Während die meisten Menschen diese Rechte ohne viel Aufhebens respektieren, Ihnen die Freiheit lassen und Ihre Grenzen entsprechend respektieren, gibt es Menschen, die nichts lieber täten, als jedes einzelne Recht mit Füßen zu treten und Sie aller Rechte zu berauben, um Sie zu kontrollieren. Selbst wenn der Manipulator versucht, Sie auszunutzen, denken Sie an eine wichtige Tatsache: Es gibt nur dann Fäden, wenn Sie sie ziehen lassen. Sie haben hier die ganze Macht - Ihre eigene Autonomie ist Ihr größtes Kapital, und wenn Sie sich weigern, es aufzugeben, können Sie sich schützen.

Halten Sie sich von bekannten Manipulatoren fern

Eine weitere einfache Möglichkeit, sich zu schützen, ist die bloße Distanz. Wenn Sie automatisch etwas Abstand von der anderen Person nehmen, weil Sie das Gefühl haben, dass das, was sie tut, manipulativ sein könnte oder auch nicht, schützen Sie sich selbst. Manipulatoren brauchen Nähe, sowohl persönlich als auch physisch, um wirklich ihre Magie wirken zu können, und wenn Sie sich weigern, ihnen diese Macht zu geben, werden sie nicht in der Lage sein, die Kontrolle über Ihr Leben zu übernehmen.

Aus der Ferne können Sie auch erkennen, ob jemand tatsächlich der Manipulator ist, den Sie in ihm vermuten - aus der Ferne können Sie viel eher erkennen, ob die andere Person tatsächlich ein Manipulator ist oder nicht. Aus der Ferne können Sie das Verhalten der anderen

Person im Umgang mit anderen Menschen studieren. Sie können vielleicht die Stimmungsschwankungen erkennen, wie z. B. den Wechsel von aggressivem Verhalten gegenüber einer Person und der Opferrolle gegenüber einer anderen, wenn Sie sich am Rande aufhalten, um nicht entdeckt zu werden.

Vermeiden Sie es, sich Dinge zu Herzen zu nehmen, die Manipulatoren sagen

Denken Sie daran, dass der Manipulator nichts anderes will, als Sie zu brechen und jede Schwachstelle auszunutzen, die er in Ihnen sieht. Wenn sie in der Lage sind, eine Schwäche zu erkennen, greifen Manipulatoren diese oft mit so viel Kraft an, wie sie aufbringen können, um Sie zu brechen. Auch wenn Sie glauben, dass es schwierig ist, sich selbst zu schützen, haben Sie eine wichtige Fähigkeit, die Sie schützen wird - weigern Sie sich, zu personalisieren.

Personalisierung bedeutet, dass Sie die Schuld für alles, was um Sie herum geschieht, auf sich nehmen. Wenn der Manipulator schlechte Laune hat, können Sie natürlich davon ausgehen, dass Sie etwas getan haben, vor allem, wenn der Manipulator Ihnen eine solche Reaktion beigebracht hat. Wenn Sie jedoch aufhören, die Dinge persönlich zu nehmen, können Sie beginnen, sich von den emotionalen Reaktionen zu distanzieren, die der Manipulator bei Ihnen hervorrufen will. Letztendlich möchte er, dass Sie das Gefühl haben, es sei Ihre Schuld, denn Schuldgefühle lassen sich leicht ausnutzen, und wenn er Sie durch Ihre Schuldgefühle ausnutzen kann, hat er Sie leichter unter Kontrolle.

Machen Sie sich auch klar, dass Sie keine Schuld tragen. Es ist nicht Ihre Schuld, dass der Manipulator Sie ins Visier genommen hat oder versucht hat, Sie ins Visier zu nehmen, und Sie sollten sich nicht erlauben, sich für die Handlungen der anderen Partei schuldig zu fühlen.

Den Druck auf den Manipulator verlagern

Oft sind manipulative Personen viel eher bereit, unangemessenen oder unfairen Druck auf ihre Opfer auszuüben. Sie werden Dinge von Ihnen verlangen, vor denen die meisten Menschen zurückschrecken würden, aber dennoch fährt der Manipulator mit seinen Forderungen fort. Oft wiederholen sie diese Forderungen und werden immer aggressiver, um Sie einzuschüchtern, damit Sie gehorchen. Zum Glück gibt es einen einfachen Weg, der dem Manipulator in der Regel den Wind aus den Segeln nehmen kann: Drehen Sie den Druck zurück.

Wenn der Manipulator behauptet, dass Sie in drei verschiedene Geschäfte gehen müssen, um das Essen für den Abend zu besorgen, weil er die Tomaten aus Geschäft A, den Käse aus Geschäft B und das bestimmte Fleisch aus Geschäft C braucht, könnten Sie das Gespräch unterbrechen und auf die Ungerechtigkeit hinweisen. Am einfachsten ist es, ablenkende Fragen zu stellen, die den Druck auf den Manipulator zurückverlagern. Ein paar Beispiele für solche Fragen sind:

- "Ist das für Sie wirklich zumutbar?"
- "Würden Sie sich die Mühe machen, all dies ohne Beschwerden zu tun?"
- "Ist das eine Bitte oder ein Befehl?"
- "Was habe ich davon?"
- "Was ist mit meiner Meinung?"
- "Klingt das fair?"
- "Erwarten Sie ernsthaft, dass ich xyz Dinge tue?"

Diese Fragen bringen den Manipulator in eine schwierige Lage - er kann entweder sagen, dass er das, was er verlangt, für fair hält, in diesem Fall kann er von Ihnen verlangen, dass er es tut, wenn es fair und vernünftig ist, oder er muss zugeben, dass es weder fair noch vernünftig ist, von Ihnen zu verlangen, dass Sie gehen und tun, was er will.

Diese Methode funktioniert zwar bei verschiedenen Arten von Manipulatoren, aber nicht bei allen. Bestimmte Arten von Manipulatoren, vor allem solche mit den Merkmalen der dunklen Triade, können beschließen, Ihre Versuche, ihre Handlungen als ungerecht und unfair zu beweisen, völlig zu ignorieren.

Nutzen Sie die Zeit

Wenn Manipulatoren Forderungen stellen, sowohl vernünftige als auch unvernünftige, setzen sie regelmäßig eine Art Zeitlimit. Manipulatoren wollen ihre Antworten sofort, denn wenn Menschen sofortige Entscheidungen treffen, ohne die Zeit zu haben, sie zu überdenken, ist die Wahrscheinlichkeit groß, dass sie Entscheidungen treffen, die der Rationalität oder Fairness nicht förderlich sind.

Wenn Menschen schnelle Entscheidungen treffen, werden diese wahrscheinlich von ihren Emotionen getroffen, und Emotionen lassen sich viel leichter kontrollieren als Rationalität. Denken Sie daran, wie Verkäufer dies ausnutzen - sie sagen, dass das Angebot nur für eine begrenzte Zeit gilt, und wenn Sie nicht sofort handeln, bekommen Sie das Angebot überhaupt nicht. Manipulatoren verwenden ähnliche Konzepte, um Menschen unter Druck zu setzen, ihnen eine sofortige Antwort zu geben.

Wenn Sie mit einem solchen Druck konfrontiert werden, ist es das Beste, wenn Sie versichern, dass Sie darüber nachdenken werden. Sie können dem Manipulator sagen, dass Sie über das, was er oder sie gesagt hat, nachdenken werden, und ihm oder ihr die Beachtung schenken, die er oder sie verdient, und die Macht geltend machen, die Sie in dieser Situation wirklich haben. Letztendlich kann der Manipulator Sie nicht manipulieren, wenn Sie sich weigern, ihm die Möglichkeit dazu zu geben, was Sie schnell und einfach tun können, wenn Sie sich dazu entschließen.

Lernen Sie, Nein zu sagen

Wenn Sie lernen, Nein zu sagen und es auch so zu meinen, ohne dass eine Situation implodiert, können Sie Manipulatoren eher abschrecken. Wenn Sie mit Nachdruck ein Machtwort sprechen, können Sie es auch durchsetzen, so dass die andere Person keine andere Wahl hat, als Ihr Nein zu akzeptieren oder irrational und unvernünftig zu wirken, indem sie die Sache weiter vorantreibt, nachdem sie bereits ein Nein von Ihnen gehört hat. Einige Tipps, um sich durchzusetzen, sind:

Seien Sie deutlich: Sagen Sie einfach nein. Versuchen Sie nicht, Ihre Absicht schwach anzudeuten, sondern sagen Sie der Person ganz offen, dass Sie mit dem, was die andere Person will, nicht einverstanden sind.

Seien Sie selbstbewusst, aber höflich: Es gibt einen schmalen Grat zwischen Durchsetzungsvermögen und Aggressivität, und dieser Grat ist in der Regel die Höflichkeit.

Bleiben Sie hart: Geben Sie der anderen Person keinen Verhandlungsspielraum, wenn das Thema nicht verhandelbar ist. Wenn die andere Person Ihr Nein nicht akzeptieren kann, gibt es ein Problem - und das liegt nicht an Ihrer Entscheidung, Nein zu sagen.

Seien Sie egoistisch: Niemand sonst wird sich um dich kümmern, also musst du dich letztlich um dich selbst kümmern, wenn es niemand anderes tut. Denken Sie daran: Sie müssen manchmal Nein sagen, um sich und Ihre Situation zu verbessern, und das ist in Ordnung.

Grenzen setzen und Konsequenzen durchsetzen

Manipulatoren lieben es, Grenzen zu überschreiten. Sie achten nicht darauf, was andere Menschen verlangen, und ziehen es stattdessen vor, so zu handeln, wie es ihnen passt. Der Manipulator will nur sicherstellen, dass er versorgt ist, ohne Rücksicht darauf, was Sie oder andere Opfer fühlen. Sie können versuchen, dies zu mildern, indem Sie Grenzen durchsetzen. Dies hat zwei wesentliche Komponenten:

- Behauptung der Grenze
- Durchsetzung des Grenzverlaufs

Wenn Sie Ihre Grenze durchsetzen, zeigen Sie der anderen Person genau, was Sie erwarten und wie Sie sich die Dinge vorstellen. Der Trick dabei ist, dass Sie bei jeder Grenze, die Sie setzen, sehr standhaft sein müssen. Sie sollten keinen Millimeter nachgeben, wenn es um die Durchsetzung Ihrer Grenzen geht. Sie sind nichts, worüber man Kompromisse eingehen sollte, und wenn jemand Ihre Grenzen verletzt, sollten Sie eine Art von Konsequenz für dieses Verhalten durchsetzen. Wenn ein Manipulator Sie zum Beispiel weiter beschimpft, nachdem Sie ihn gebeten haben, damit aufzuhören, sollten Sie die angedrohte Konsequenz ziehen, zum Beispiel sich ganz aus dem Gespräch zurückziehen oder sich von dem Manipulator trennen und eine Auszeit von der Beziehung nehmen.

NONVERBALE KOMMUNIKATION

Zwar ist es immer wichtig, die Worte einer Person zu verstehen, wenn man versucht zu verstehen, was in ihrem Kopf vorgeht, aber Worte lassen sich leicht korrumpieren und manipulieren. Sie können relativ leicht verfälscht und zu Lügen und anderen Formen der Verleugnung dessen, was tatsächlich geschieht oder was die andere Person meint, verdreht werden.

Glücklicherweise haben sich die Menschen jedoch so entwickelt, dass sie viel durch nonverbale Signale kommunizieren. Wenn Sie diese Signale beherrschen und lernen, Körpersprache, Mimik und Proxemik zu lesen, werden Sie besser in der Lage sein, genau zu verstehen, was in den Köpfen der Menschen um Sie herum vorgeht. Dies ist eine der einfachsten Möglichkeiten, Gedanken zu lesen, und obwohl es eine Menge zu lernen gibt, ist das Lesen der Körpersprache von Menschen größtenteils ziemlich einfach, wenn man weiß, worauf man achten muss.

Was ist nonverbale Kommunikation?

Nonverbale Kommunikation bezieht sich auf verschiedene Arten der menschlichen Kommunikation, ohne ein Wort zu sagen. Haben Sie schon einmal jemanden angesehen und an der Art und Weise, wie er die Schultern hängen lässt, und an seinem Gesichtsausdruck erkannt, dass er sich mit der Situation, die um ihn herum geschieht, äußerst unwohl fühlt? Sie erkennen dieses Unbehagen einfach auf einen Blick, weil Sie die Körpersprache lesen können.

Letztendlich gibt es verschiedene Formen der nonverbalen Kommunikation, die alle von Nutzen sind, wenn man verstehen will, was die andere Person denkt oder fühlt. Zu den Formen der nonverbalen Kommunikation, auf die sich dieses Kapitel konzentriert, gehören Gesichtsausdruck, Körpersprache, Proxemik und Berührung. Es gibt zwar noch weitere Formen, aber viele davon, wie z. B. die Gesten der Hand , sind viel stärker von der Kultur abhängig. Wenn Sie jedoch mehr über das Lesen von Gesten erfahren möchten, sollten Sie unbedingt einen Führer über Handgesten in Ihrem Herkunftsland konsultieren.

Ausdrücke

Mimik bezieht sich auf das breite Spektrum von Gesichtsbewegungen, mit denen Gefühle ausgedrückt werden. Meistens werden sie verwendet, um Emotionen auszudrücken, aber sie können auch zeigen, wenn sich jemand unwohl fühlt, lügt oder einfach nicht aufpasst. Hier finden Sie einige der häufigsten Gesichtsausdrücke sowie einige der häufigsten körpersprachlichen Ausdrucksformen des Gesichts.

Universelle Gesichtsausdrücke

Bei den universellen Gesichtsausdrücken handelt es sich um eine Reihe von sieben verschiedenen Ausdrücken, die jeder Mensch verstehen und lesen kann, unabhängig von seiner Kultur oder davon, wie viel oder wenig er mit anderen aufgewachsen ist. Selbst Menschen, die blind geboren werden, zeigen diese Gesichtsausdrücke, ohne sie jemals zuvor gesehen zu haben, was Psychologen zu der Annahme veranlasst, dass diese Ausdrücke dem Menschen als Ganzem absolut angeboren sind. Diese Ausdrücke werden in der Regel nach der Emotion unterschieden, die sie darstellen.

Überraschung: Wenn jemand überrascht ist, zieht er normalerweise die Augenbrauen hoch, wobei die Mitte höher liegt als die Ränder, so dass ein rundes Aussehen entsteht, und außerdem wird die Haut auf der Stirn nach oben gedrückt, wodurch Falten entstehen. Die Augen sind weit geöffnet, wobei das Weiße sowohl über als auch unter der Iris hervorblitzt. Oft ist der Mund locker und ohne Spannung geöffnet.

***Angst*:** Wenn Menschen Angst haben, ziehen sie normalerweise ihre Augenbrauen hoch, aber anstatt sie zu runden, sind sie relativ gerade. Die Person, die Angst hat, zeigt auch eine faltige Stirn in der Mitte, typischerweise zwischen den Augenbrauen. Auch die Augen sind in der Regel geweitet, aber das Weiße des Auges ist vom oberen Teil des Auges aus zu sehen und nicht vom unteren. Der Mund kann leicht geöffnet sein, die Lippen sind gescheitelt und mit einer gewissen Anspannung nach hinten gezogen.

***Abscheu*:** Wenn jemand etwas angewidert anschaut, sind die Augenlider meist hochgezogen und die Augenbrauen gesenkt. Die Nase ist in der Regel gerümpft, während die Oberlippe hochgezogen ist. Die Faltenbildung der Nase verursacht in der Regel Falten unter den Augen, am oberen Teil der Wange.

***Wut*:** Wut ist auf den ersten Blick leicht zu erkennen. Wenn jemand wütend ist, sind die Augenbrauen gesenkt und zusammengezogen, so dass sich zwischen den Brauen senkrecht verlaufende Fältchen bilden. Die Augen starren hart, die Lider sind angespannt. Die Lippen sind entweder fest verschlossen, wenn man die Stirn runzelt, oder weit geöffnet, wenn man schreit.

***Glücklich sein*:** Wenn Menschen wirklich glücklich sind, lächeln sie normalerweise. Die Lippen sind nach oben gezogen, und manchmal blitzen beim Lächeln die Zähne auf. Normalerweise verläuft eine erkennbare Linie von der Nase bis zu den Lippenwinkeln, und um die Augen herum sollten Falten zu sehen sein, wenn sie wirklich glücklich sind.

Traurigkeit: Wenn Menschen traurig sind, ziehen sie die Augenbrauen zusammen, wobei sich die inneren Augenwinkel nach oben ziehen und Falten zwischen ihnen entstehen. Die Lippen sind stirnrunzelnd nach unten gezogen, und der Kiefer ist nach oben gehoben. Oft wird die Lippe zu einem Schmollmund nach außen gedrückt.

***Verachtung*:** Verachtung ist weitgehend durch einen neutralen Gesichtsausdruck mit hochgezogenen Mundwinkeln und einem starren Blick gekennzeichnet.

Augen

Die Augen verfügen über verschiedene Formen der nonverbalen Kommunikation - von ihrem Blick bis zu ihren Bewegungen kann man viel über die inneren Gedanken einer Person erfahren, wenn man den Augen besondere Aufmerksamkeit schenkt.

Blickkontakt: Wenn Menschen absichtlich Augenkontakt herstellen, achten Sie darauf, wie dieser geregelt ist. Wenn die Person den Blickkontakt vermeidet, will sie wahrscheinlich eine Interaktion beenden oder aufgrund von Unsicherheit, Desinteresse, Unterwerfung oder sogar Betrug vermeiden. Umgekehrt zeigt Blickkontakt mit anderen Interesse, und wenn er erzwungen und auf eine harte Art und Weise gehalten wird, impliziert er Dominanz und Aggression.

***Häufigkeit des Blinzelns*:** Menschen blinzeln unterschiedlich häufig, je nachdem, ob sie ehrlich sind oder nicht. Diejenigen, die mehr als normal blinzeln, stehen in der Regel unter Stress, vielleicht weil sie versuchen herauszufinden, wie sie eine schwierige Situation meistern können, oder weil sie versuchen, eine überzeugende Lüge zu erfinden, die sie anderen verkaufen können. Diejenigen, die weniger blinzeln, werden als aggressiv oder dominant angesehen.

Pupillenerweiterung: Auch wenn es viel schwieriger ist, sie auf den ersten Blick zu erkennen, vor allem wenn die andere Person dunkle Augen hat, sagt die Pupillenerweiterung viel über eine Person aus. Jemand mit geweiteten Pupillen fühlt sich entweder zu seinem Gesprächspartner hingezogen oder ist in intensive Gedanken versunken.

Richtung des Blicks: Menschen schauen regelmäßig auf das, was sie interessiert. Wenn Sie bemerken, dass jemand wiederholt von Ihnen wegschaut, sei es zu einem Ausgang oder zu einer anderen Person, ist das ein Hinweis darauf, dass die andere Person gehen und sich mit dem beschäftigen möchte, was ihren Blick anzieht. Man kann auch erkennen, welche Seite des Gehirns gerade aktiv ist - wenn Menschen nach links schauen, rufen sie sich wahrheitsgemäße Informationen ins Gedächtnis, während diejenigen, die nach rechts schauen, in der Regel die kreativen Teile ihres Gehirns benutzen, die für das Erzählen von Lügen zuständig sind.

Mund

Oftmals sind die Menschen so sehr darauf konzentriert, die Worte, die aus ihrem Mund kommen, zu zensieren, dass sie vergessen, dass sie auch darauf achten müssen, wie sich der Mund bewegt. Der Mund ist sehr aufschlussreich, wenn es darum geht, wie sich der Mensch bewegt.

Entspannte Lippen: Wenn jemand mit entspannten Lippen dasitzt, fühlt er sich in der Regel sicher und wohl in seiner Situation.

Gescheitelte Lippen: Menschen spitzen ihre Lippen aus verschiedenen Gründen. Meistens fühlen sie sich von der Person, mit der sie interagieren, angezogen, oder sie versuchen, ein Wort zu sagen oder die Aufmerksamkeit einer anderen Person zu erregen.

Zähne fletschen: Das ist entweder gut oder schlecht, dazwischen gibt es nichts - entweder lächelt die Person, was positive Gefühle ausdrückt, oder sie knurrt, was Wut oder Aggression ausdrückt.

Zuckende Lippen**:** Die Lippen können aus verschiedenen Gründen zucken, z. B. aus Verachtung oder weil sie etwas verbergen wollen.

Auf die Lippe oder Wange beißen**:** Oftmals kauen Menschen auf ihrer Lippe oder Wange, wenn sie nervös sind. Damit versuchen sie, sich selbst zu beruhigen. Es kann aber auch eine Täuschung darstellen, z. B. wenn die Person versucht, ihre Sprache zu zensieren.

Mit der Hand den Mund berühren**:** Dies ist ein weiteres Zeichen, das mehrere Bedeutungen haben kann - es könnte bedeuten, dass die andere Person gestresst ist und sich selbst beruhigt, genau wie , wenn sie sich auf die Lippe oder die Wange beißt, oder es könnte ein Zeichen für Täuschung oder Misstrauen gegenüber der anderen Partei sein.

Augenbrauen

Genau wie der Mund und die Augen können auch die Augenbrauen unglaublich viel darüber aussagen, was der andere denkt. Werfen Sie einen Blick auf diese häufigen Formen der nonverbalen Kommunikation mit den Augenbrauen:

Gesenkte Augenbrauen**:** Wenn jemand die Augenbrauen gesenkt hat, kann dies ein Zeichen dafür sein, dass er sich verstecken oder zurückziehen möchte, insbesondere wenn die Person den Kopf senkt. Dies kann auch ein Zeichen von Täuschung sein, bei der die Person versucht, sich zu verstecken.

Hochgezogene Augenbrauen**:** Wenn jemand seine Augenbrauen hochzieht, bedeutet das, dass er sich überrascht fühlt, oder es wird verwendet, um etwas zu betonen, was gesagt wird. Es kann auch verwendet werden, um die Anziehungskraft auf die andere Person zu zeigen, oder manchmal sogar Unterwerfung.

Eine hochgezogene Augenbraue: Eine hochgezogene Augenbraue hat in der Regel die Konnotation von Unglauben oder Zynismus.

Gestrickte Brauen: Hier zieht die Person die Augenbrauen zusammen, wodurch Falten in der Lücke zwischen den Brauen entstehen. Dies zeigt normalerweise Traurigkeit oder Verwirrung.

Mitte der Augenbrauen angehoben: Wenn sich die Mitte der Augenbrauen nach oben wölbt, zeigt dies Überraschung, Besorgnis oder Erleichterung, je nach Kontext und anderen Teilen des Ausdrucks.

Abgesenkte Mitte der Augenbrauen: Wenn die Mitte der Augenbraue gesenkt ist und eine gerade Linie statt einer Kurve bildet, drückt dies in der Regel eine gewisse Frustration aus.

Körpersprache

Abgesehen von der Mimik sind auch die Körper der Menschen sehr ausdrucksstark. Nur weil die Hände keine Augen und keinen Mund haben, heißt das nicht, dass Sie nicht auf die Hände einer anderen Person schauen und erkennen können, was sie fühlen könnte. In diesem Abschnitt gehen wir vom Kopf abwärts und betrachten die verschiedenen Arten der Körpersprache, um Ihnen einen umfassenden Leitfaden an die Hand zu geben.

Kopf

Der Kopf kann so viel mehr ausdrücken als das, was auf dem Gesicht zu sehen ist. Schauen Sie sich einige dieser Möglichkeiten an, wie Menschen ohne Worte und ohne Gesicht kommunizieren.

Kopfneigung: Sie wissen, was das ist - der Blick, den ein Welpe Ihnen zuwirft, wenn Sie etwas sagen, was er nicht versteht. Wenn Menschen ihren Kopf neigen, geschieht dies aus etwas anderen

Gründen. Oft neigen Menschen ihren Kopf in Richtung einer Person, zu der sie ein gutes Verhältnis haben, oder wenn sie davon ausgehen, dass diese Person Autorität besitzt. Wenn jemand den Kopf wegdreht, bedeutet das in der Regel, dass die Person unsicher ist und der Situation insgesamt misstraut. Wenn der Kopf zur Seite geneigt wird, kann dies ein Zeichen für das Interesse sein, weiter zuzuhören.

***Nicken*:** Das Nicken ist das Zeichen der Bestätigung. Es zeigt der anderen Person, dass man ihr zuhört, auch wenn man den Sprecher in diesem Moment nicht ansieht. Es zeigt, dass die Person ihrem Gesprächspartner aktiv zuhört. Achten Sie auf die Geschwindigkeit, mit der genickt wird - ein schnelles Nicken deutet in der Regel darauf hin, dass jemand darauf wartet, dass Sie zu Ende sprechen, während ein langsames, geduldiges Nicken in der Regel eine gute Sache ist und bedeutet, dass die andere Person geduldig und bereit ist, weiter zuzuhören.

***Position des Kinns*:** Auch das Kinn kann überraschenderweise sehr aufschlussreich sein. Wenn das Kinn nach oben gerichtet ist und den Hals überragt, zeigt es Arroganz oder Autorität. Ist es hingegen eingezogen, deutet es auf Traurigkeit und Unsicherheit hin.

Arme

Mit den Armen kann man eine Vielzahl unterschiedlicher Dinge tun, um zu vermitteln, was eine Person fühlt. Werfen Sie einen Blick auf einige dieser üblichen Arten, die Arme zu halten, wenn Sie nonverbal kommunizieren.

Verschränkte Arme: Dies drückt oft eine gewisse Verteidigungshaltung aus. Dies geschieht in der Regel, wenn die Person sich schützen oder bewahren will. Wenn die Person die Arme verschränkt und die Daumen nach oben streckt, bedeutet dies, dass sie sich in der Situation sicher fühlt, aber dennoch das Bedürfnis hat, sich zu verteidigen, nur für den Fall.

Ruhige Arme: Wenn die Arme völlig ruhig sind und neutral auf beiden Seiten ruhen oder ein Arm quer über den Körper gestreckt wird, um den anderen Arm zu beruhigen, deutet dies auf eine Täuschung hin. Die Person versucht, ihr Verhalten physisch zu kontrollieren.

Zurückgezogene Arme: Wenn die Arme und Schultern nach hinten gezogen sind, vermittelt die Person ein Gefühl der Abwehr. Wenn die Arme außer Reichweite gezogen werden, macht sich die Person weniger angreifbar.

Hochgehobene Arme: Oft heben Menschen ihre Arme in einer Art Übertreibung nach oben, ganz gleich, ob sie damit Freude, Ärger oder sogar Verwirrung ausdrücken wollen. Achten Sie auf andere körpersprachliche Äußerungen, um dies besser einschätzen zu können.

Ausgedehnte Arme: Wenn die Arme nach außen oder nach innen gestreckt sind, kann man die Stimmung erkennen. Wenn die Arme nach außen gestreckt sind, sind sie in der Regel viel entspannter, während das Nach-innen-Ziehen normalerweise Stress oder Anspannung vermittelt.

Hände

Die Hände können ziemlich schwer zu verfolgen sein, einfach weil es so viele verschiedene Positionen gibt, die sie einnehmen können. Hier sind die häufigsten nonverbalen Kommunikationen durch die Körpersprache der Hand.

Hände hinter dem Rücken: Dies impliziert Vertrauen - die Person macht sich völlig verletzlich, indem sie die Hände hinter dem Rücken versteckt. Es strahlt Vertrauen und Autorität aus.

Hände in die Hüften: Diese Pose wird oft als aggressiv missverstanden, zeigt aber eigentlich, dass jemand bereit ist. Man sieht diese Pose oft bei Menschen, die auf irgendeine Weise zeigen müssen, dass sie eine Autoritätsperson sind, um Durchsetzungsvermögen zu zeigen.

Hände in den Taschen: Dies zeigt, dass die Person gegenüber der Situation oder den Menschen um sie herum zurückhaltend oder misstrauisch ist.

Hände reiben: Das Reiben der Hände aneinander zeigt oft eine Vorfreude auf das, was kommen wird.

Geballte Fäuste: Wenn jemand die Fäuste geballt hat, wirkt er fest und stur. Sie zeigen, dass sie nicht nachgeben werden, und können auch aggressiv sein.

Zeigen: Das Zeigen wird autoritär eingesetzt. Es zeigt Missbilligung oder Verärgerung, wenn es von einem Vorgesetzten auf jemand anderem gemacht wird, und wenn es unter Gleichgestellten gemacht wird, ist es ziemlich konfrontativ.

Zusammengehaltene Hände: Wenn die Hände zusammengefaltet sind, versucht die Person oft, sich selbst zu beruhigen. Das Spektrum reicht von Unbehagen bis hin zu Angst.

Steepling: Beim Steepling werden die Hände in eine betende Position gebracht, aber der einzige Kontakt zwischen den Händen findet an den Fingerkuppen statt. Die Hände werden ohne Berührung parallel zueinander gehalten. Dies vermittelt Vertrauen oder Macht.

Handflächen nach unten: Wenn die Handflächen mit der ausgestreckten Hand nach unten gehalten werden, zeigt dies in der Regel, dass der Sprecher versucht, dominant zu sein und Autorität zu zeigen, und dass die Person ihre Wahrnehmung von etwas nicht ändern wird.

***Handflächen nach oben*:** Wenn die Handflächen nach oben gehalten werden, vermittelt die Person Akzeptanz und Vertrauenswürdigkeit.

***Hand aufs Herz*:** Die Hand aufs Herz beinhaltet den Wunsch, als ehrlich zu gelten oder aus dem Herzen zu sprechen. Dies ist jedoch leicht zu verfälschen und sollte mit Vorsicht genossen werden.

Füße und Beine

Auch die Beine und Füße verraten viel darüber, was eine Person will, und werden weit weniger häufig zensiert. Die Menschen denken, dass ihre untere Hälfte nicht annähernd so ausdrucksstark ist, wie sie es tatsächlich ist.

***Füße, die vom Sprecher wegzeigen*:** Wenn die Füße und Beine einer Person in eine andere Richtung zeigen als die Person, die mit ihr spricht, vermittelt die Person, dass das Gespräch nicht erwünscht ist . Möglicherweise hat die Person das Interesse verloren oder fühlt sich in der Interaktion unwohl.

***Die Füße zeigen in die Richtung des Sprechers*:** Wenn die Füße in die Richtung des Sprechers zeigen, zeigt dies, dass die Person aktiv an dem interessiert ist, was der Sprecher sagt. Es zeigt auch, dass der Zuhörer dem Sprecher vertraut.

***Die Zehen zeigen nach oben*:** Manchmal rollen sich Menschen auf den Fersen ab und zeigen mit den Zehen nach oben. Dies zeigt in der Regel Zufriedenheit, vor allem, wenn es mit einem Lächeln gepaart ist.

***Auf den Füßen hüpfen*:** Manche Menschen wippen etwas mit den Füßen, ähnlich wie Kinder es tun. Dies ist ein Zeichen für Aufregung oder Nervosität, und die Person versucht, ihren Körper von überschüssiger Spannung zu befreien.

Proxemik

Oft verändern Menschen, wie nah oder weit sie zu einer anderen Person stehen. Das kann völlig unbewusst geschehen, und Sie bemerken es vielleicht sogar bei anderen Menschen. Wenn Sie zum Beispiel ein Rendezvous haben, bemerken Sie vielleicht, dass sich eine Person subtil nach innen lehnt, wenn sie an der anderen Person interessiert ist, und wenn etwas passiert, das eine Art von Anstoß verursacht, lehnt sich die Person vielleicht wieder nach außen und schafft so einen Abstand zwischen den beiden. Das kann sehr aufschlussreich sein, wenn Sie mit anderen Menschen auf verschiedene Weise interagieren.

Schließen Sie

Generell gilt: Je näher die Menschen einander körperlich sind, desto wahrscheinlicher ist eine engere persönliche Beziehung. Wenn Menschen einander vertrauen, haben sie eine Beziehung zueinander, die als Rapport bezeichnet wird - dies ist im Wesentlichen ein Maß für die Beziehung.

Menschen mit einem guten Verhältnis zueinander werden als vertrauenswürdiger angesehen, während jemand, der kein gutes Verhältnis zu einer bestimmten Gruppe entwickelt hat, möglicherweise nicht annähernd so anerkannt oder willkommen geheißen wird. Menschen neigen dazu, sich denjenigen zuzuwenden, zu denen sie eine Beziehung aufbauen.

Weit auseinander

Wenn Menschen bei einer guten Beziehung die Nähe zueinander suchen, kann man sich vorstellen, dass sie sich bei einer schlechten Beziehung eher abgrenzen und Distanz suchen. Wer eine schlechte

Beziehung zu jemandem hat oder jemandem nicht vertraut, neigt eher dazu, eine natürliche Distanz zwischen sich und der anderen Partei zu suchen. Denn was bringt es jemandem, mit jemandem zusammen zu sein, dem man nicht vertraut? Wahrscheinlich nicht viel. Wenn die andere Person aktiv Abstand zwischen sich und Ihnen schafft, tun Sie Ihnen beiden einen Gefallen und beenden Sie das Gespräch.

Berühren Sie

Auch die Art und Weise, wie Sie jemanden berühren, kann sehr viel über Ihre Stimmung aussagen, und zwar auf eine Art und Weise, die Sie vielleicht gar nicht in Betracht gezogen haben. Wenn eine Person offener mit der Berührung umgeht und den vollen Kontakt zwischen der Handfläche und der Haut der anderen Person zulässt, deutet dies auf Komfort und Vertrautheit hin. Jemand würde bei jemandem, den er nicht kennt oder dem er nicht vertraut, nicht so direkt sein. Wenn die Person dagegen nur mit den Fingerspitzen berührt, zeigt dies, dass sie viel distanzierter ist und sich in der Situation vielleicht sogar unwohl fühlt.

Auch die Temperatur der Berührung kann sehr aufschlussreich sein. Wenn die Berührung wärmer ist, zeigt das, dass die Person sich mit dem, was vor sich geht, viel wohler fühlt, und wenn die Berührung kälter ist, zeigt das, dass die Person gestresst oder angespannt ist und die Auswirkungen der Angst durch die Kampf- oder Fluchtreaktion spürt, die den Blutfluss und damit die Wärme in den Kern umleitet.

FÄLSCHUNG NONVERBALER KOMMUNIKATION

Manchmal befinden Sie sich vielleicht in einer Situation, in der Sie Ihre Körpersprache verfälschen müssen. Vielleicht wollen Sie jemandem etwas vorgaukeln, oder Sie wollen einfach anders wirken, als Sie sind oder was Sie aktiv fühlen. Dies kann in verschiedenen Berufen von Vorteil sein, in denen man selbstbewusst und souverän auftreten muss, wie z. B. bei Ärzten, Anwälten und Politikern. Da Sie nun wissen, wie Ihre Körpersprache andere beeinflussen kann, verspüren Sie vielleicht den Drang, sie manchmal zu verfälschen - was Ihnen buchstäblich zum Vorteil gereichen kann. Im Folgenden finden Sie eine Liste von Möglichkeiten, wie Sie Ihre Körpersprache kontrollieren und sicherstellen können, dass sie Ihnen zugute kommt und nicht zum Nachteil wird.

Macht-Posen

Bevor Sie sich in eine Situation begeben, in der Sie Ihre Informationen fälschen müssen, sollten Sie, wenn es die Zeit erlaubt, zunächst einige Zeit in einer Power-Pose verbringen. Diese mag sich zunächst lächerlich anfühlen, aber sie beruhigt die Nerven derjenigen, die sie anwenden, und verleiht ihnen das Selbstvertrauen und die Kraft, die sie brauchen, um sicherzustellen, dass sie schwierige Situationen reibungslos und effektiv meistern können.

Selbst wenn Sie schon vor Beginn der Übung aktiv nervös sind, werden Sie feststellen, dass Ihre nervöse Energie dahinschmilzt, wenn Sie sich an diese Posen erinnern. Stellen Sie sich zunächst aufrecht und mit gespreizten Füßen hin. Heben Sie den Kopf hoch und stützen Sie die Hände auf die Hüften, wobei das Kinn nach außen gestreckt ist. Bleiben Sie zwei Minuten lang in dieser Position, und Sie werden die Wirkung fast sofort spüren. Sie werden feststellen, dass Sie selbstbewusster werden und sich besser in der Lage fühlen, mit anderen Menschen umzugehen, ganz gleich, wie gestresst Sie gerade waren, bevor Sie die Pose eingenommen haben. Das mag zwar unnötig erscheinen, aber es gibt Ihnen ein Selbstvertrauen, das Ihnen helfen kann, wenn Sie zu nervös sind, um mit einer verfälschten Körpersprache weiterzumachen.

Lächeln

Im Zweifelsfall kommt man meistens mit einem Lächeln davon. Vor allem, wenn Sie etwas tun, das ohnehin schon schwierig ist, täuschen Sie mit Ihrem Lächeln nicht nur die andere Person, der Sie zugelächelt haben, sondern auch Ihr Gehirn. Wenn Sie lächeln können, können Sie sich selbst regulieren und Ihrem Gehirn signalisieren, dass es Ihnen gut geht und dass es keinen Grund gibt, gestresst zu wirken. Auf diese Weise können Sie die andere Person davon überzeugen, was Sie in diesem Moment fühlen. Mit einem gut getimten Lächeln, das Sie über die gesamte Interaktion verstreuen, können Sie der anderen Person das Gefühl geben, dass sie sich in der Interaktion sicherer fühlt.

Den Körper anwinkeln

Letztendlich kann es unglaublich konfrontativ wirken, wenn man sich von Angesicht zu Angesicht gegenübersteht, und das aus gutem Grund - Menschen neigen dazu, sich zu nähern, wenn sie sich aggressiv verhalten. Vor allem, wenn Sie merken, dass Sie wütend sind, aber Sie wollen kontrollierter und besonnener wirken, um die gewünschten Ergebnisse zu erzielen, können Sie versuchen, Ihren Körper leicht zu neigen. Wenn Sie in der Lage sind, Ihre Position zu verändern, und sei es auch nur leicht, um sicherzustellen, dass Sie schräg stehen, werden Sie nicht annähernd so aggressiv wirken.

Diese Pose kann auch eingenommen werden, wenn jemand auf Sie zukommt und Sie die Kontrolle behalten wollen, ohne dass die Situation eskaliert. Sie können sich leicht bewegen, indem Sie einen kleinen Winkel mit Ihrem Körper bilden und dabei den Augenkontakt aufrechterhalten. Sie werden so wirken, als hätten Sie die Situation unter Kontrolle, aber als wären Sie nicht an einer Herausforderung oder Konfrontation interessiert.

Benutzen Sie Ihre Hände - aber nicht zu viel

Wenn Sie versuchen, andere davon zu überzeugen, Ihrer Körpersprache Glauben zu schenken, sollten Sie mehr Ihre Hände benutzen. Wenn Sie Ihre Sprache mit Gesten untermalen, wirken Sie selbstbewusster und souveräner. Dies hat den zusätzlichen Vorteil, dass Ihr Körper sich leichter in den Fluss Ihrer Rede einfügt, so dass Sie auch besser auftreten können.

Es ist jedoch auch wichtig zu wissen, wann Ihre Körpersprache zu viel ist - wenn Sie beispielsweise anfangen, mit den Händen über dem Kopf zu gestikulieren, wirken Sie unkontrollierter, als wenn Sie Ihre Hände konstant unterhalb der Schulterlinie halten. Das Heben der Arme kann albern oder sogar aggressiv wirken, je nachdem, welche Bewegungen Sie machen wollen.

Vergewissern Sie sich, dass Sie mit den Handgesten in Ihrem Land vertraut sind, bevor Sie sie verwenden - viele sind abhängig von Ort und Kultur, und einige der Signale, die in einem Land positiv sind, könnten in einem anderen Land völlig negativ sein.

Requisiten

Wenn Sie sich Sorgen machen, dass jemand sieht, wie Sie versuchen, Ihre Körpersprache zu verändern, können Sie Requisiten einsetzen.

Das können Dinge wie ein Getränk oder eine Tasse Wasser sein, vor allem wenn Sie Ihre eigene negative Körpersprache verbergen wollen. Wenn Sie zum Beispiel wissen, dass Sie nervös sind oder sich in einer Situation unwohl fühlen, aber nicht die ganze Zeit mit verschränkten Armen dasitzen wollen, können Sie versuchen, ein Getränk festzuhalten. So haben Sie immer noch den Komfort, etwas zwischen sich und Ihrem Gegenüber zu haben, aber Sie wirken nicht mehr so verschlossen wie vorher.

Diese Requisiten können auch von Ihren eigentlichen Absichten ablenken und die Aufmerksamkeit auf sich ziehen, wenn Sie etwas mitbringen, das etwas weniger konventionell ist. Wenn Sie zum Beispiel eine Präsentation leiten sollen, aber nervös sind oder sich unwohl fühlen, können Sie etwas zum Vorzeigen mitbringen, vielleicht ein Souvenir aus dem letzten Urlaub, und die anderen mit dem aufregenden neuen Gegenstand ablenken, so dass sie Ihre eigenen Versuche, Ihre Körpersprache zu verändern, weniger bemerken.

Hohe Energie

Eine der Möglichkeiten, wie Menschen schnell dabei ertappt werden, ihr Verhalten zu verfälschen, ist ihr Energielevel. Menschen können die falsche Art von Energie zeigen, z. B. indem sie zu angespannt und nervös wirken, und das verrät ihre tatsächlichen Gefühle und ihre Körpersprache. Ganz gleich, wie gut Sie Ihren Körper kontrollieren können, wenn Ihr Energielevel nicht stimmt, werden Sie auffallen.

Oft machen die Menschen den Fehler, dass sie sich in Situationen begeben, in denen sie nicht genügend Energie haben. Vor allem, wenn sie sich bereits nicht in ihrem Element fühlen, können sie eine niedrige Energie oder eine unnatürliche Stille an den Tag legen, was bei ihren Mitmenschen die Alarmglocken läuten lassen kann.

Aufmerksamkeit für Blickkontakt

Der häufigste Grund für eine Überkorrektur ist der Augenkontakt. Wenn man ihn erzwingt, merkt man, dass man ihn schmerzhaft lange hält und dabei nicht überzeugend wirkt. Wenn Sie keinen Augenkontakt herstellen, neigen die Leute dazu, Sie für einen Lügner zu halten, selbst wenn Sie Ihren Blick nur aus Unbehagen oder Angst abwenden. Um wirklich selbstbewusst aufzutreten, sollten Sie versuchen, die Kunst des Augenkontakts zu beherrschen und zu wissen, wann und wie viel davon angemessen ist.

Es gibt Möglichkeiten, den Blickkontakt natürlicher erscheinen zu lassen oder ihn ganz zu verstellen, wenn er Ihnen unangenehm ist. Sie können z. B. versuchen, von Auge zu Auge zu wechseln, wenn Sie Blickkontakt herstellen, und die Augen bewegen, wenn es natürlich ist. Wenn Sie Angst haben, zu lange zu starren, können Sie versuchen, etwa alle 5 Sekunden für den Bruchteil einer Sekunde wegzuschauen und dann wieder Augenkontakt herzustellen, indem Sie die Augen wechseln.

Wenn Sie generell Schwierigkeiten mit Blickkontakt haben, können Sie den Leuten auch vorgaukeln, dass Sie Blickkontakt mit ihnen aufnehmen, indem Sie ihnen auf die Nase schauen, genau zwischen die Augen. Sie werden oft annehmen, dass Sie Augenkontakt herstellen, aber diejenigen, die aktiv aufmerksamer sind, könnten merken, was Sie tun und denken, dass Sie hinterhältig oder manipulativ sind. Wenn Sie das Bedürfnis haben, den Blick mit der anderen Person zu unterbrechen, achten Sie darauf, dass Sie zur Seite und nicht nach unten schauen - wenn Sie nach unten schauen, scheinen Sie Unterwürfigkeit oder sogar Scham zu zeigen, was für die andere Person ein Hinweis darauf sein kann, dass Sie lügen. Schauen Sie stattdessen nach links, um zu zeigen, dass Sie wahrhaftig sind.

KÖRPERSPRACHE ZUR BEEINFLUSSUNG NUTZEN

Nach den vorangegangenen Abschnitten, die sich ausschließlich mit der Körpersprache befasst haben, wissen Sie jetzt vielleicht, wie wichtig eine gute Körpersprache ist. Von hier aus ist die natürliche Entwicklung, dass Sie beginnen, Ihre eigene Körpersprache zu nutzen, um andere zu beeinflussen, Ihnen zu glauben oder zu vertrauen. Das ist natürlich sehr wichtig - ganz gleich, ob Sie andere Menschen beeinflussen, sie zu etwas überreden oder sogar manipulieren wollen, Sie müssen als vertrauenswürdig angesehen werden. Glücklicherweise ist es recht einfach, sich als selbstbewusst und vertrauenswürdig zu etablieren, wenn Sie erst einmal gelernt haben, wie man das macht. Werfen Sie einen Blick auf diese sieben Schritte, um andere dazu zu bringen, Ihnen zu glauben. Wenn Sie dies tun, werden Sie als vertrauenswürdiger angesehen, was Sie viel kompetenter macht, wenn es darum geht, jemanden zu überreden, etwas für Sie zu tun.

Lächeln

Zu Beginn Ihrer ersten Begegnung mit jemandem sollten Sie immer lächeln. Auch wenn es albern klingen mag, ist ein Lächeln unglaublich wirkungsvoll und sagt viel darüber aus, wer Sie sind. Wenn Sie sofort lächeln, nachdem Sie sich jemandem genähert haben, wenn Sie sich gegenseitig anerkennen, werden Sie allgemein als warmherzig und zugänglich angesehen. Menschen fühlen sich abgeschreckt und unsicher, wenn sie auf jemanden zugehen und die andere Person nur ausdruckslos zurückstarrt - sie haben das Gefühl, dass sie unerwünscht sind und sich etwas anderes suchen sollten. Menschen wollen keine negativen Interaktionen, und wenn Sie nicht lächeln, wenn jemand Sie zum ersten Mal anspricht, geben Sie ihm das Signal, dass die Dinge negativ sein werden.

Denken Sie daran, dass es wichtig ist, dass dieses Lächeln echt ist, damit die Person Ihnen wirklich glaubt. Ein falsches Lächeln ist in der Interaktion mit anderen Menschen am leichtesten zu erkennen, stellen Sie also sicher, dass Ihr Lächeln echt ist. Wenn Sie schlecht gelaunt sind oder Ihnen gerade kein Grund zum Lächeln einfällt, denken Sie an eine Erinnerung, die Sie immer zum Lächeln bringt, oder an einen dummen Witz oder an etwas, auf das Sie sich freuen. Es muss nicht einmal etwas mit der Person zu tun haben, auf die Sie zugehen - wichtig ist, dass Sie lächeln.

Spiegelung

Diese Fähigkeit ist so unglaublich wichtig, wenn es um Einflussnahme und Überzeugung geht, dass ihr hier in Kürze ein eigenes Kapitel gewidmet wird. Das Wesentliche am Spiegeln ist jedoch, dass jemand, der Ihnen vertraut, Ihre Bewegungen ganz natürlich nachahmt. Sie können sich dieses Wissen zunutze machen, indem Sie das Verhalten Ihres Gegenübers spiegeln und damit seinem Unterbewusstsein mitteilen, dass Sie ihm vertrauen. Es ist sehr viel wahrscheinlicher, dass sie Sie mögen, wenn sie denken, dass Sie sie mögen. Behalten Sie dies im Hinterkopf, wenn Sie mit jemandem interagieren und ihn beeinflussen wollen - es ist viel wahrscheinlicher, dass Sie diesen Einfluss gewinnen, wenn er denkt, dass Sie ihn mögen.

Nicken

Wenn Sie möchten, dass jemand etwas bejaht, können Sie ihn in der Regel mit einem subtilen Nicken dazu bewegen, dies zu tun. Natürlich sollten Sie dies auf eine Weise tun, die nicht offensichtlich ist. Denken Sie an die Spiegelung - Menschen wollen das nachahmen, was jemand, zu dem sie eine Beziehung haben, tut, einfach aus Instinkt. Sie versuchen, den anderen davon zu überzeugen, "Ja" zu sagen, indem Sie vor der Frage mit dem subtilsten Nicken beginnen, das Sie zustande bringen können, und dies fortsetzen, wenn Sie die Frage stellen. Die andere Person wird wahrscheinlich ebenfalls zu nicken beginnen, während sie Sie beobachtet, und wenn sie bereits nickt, wird ihr erster Instinkt sein, der anderen Person ja zu sagen, unabhängig davon, ob sie daran interessiert ist oder nicht. Der Trick dabei ist, die andere Person dazu zu bringen, etwas zu tun, indem man an die Tatsache appelliert, dass sie Ihren eigenen Gefühlen folgen möchte.

Stehend

Besonders wenn Sie versuchen, Autorität oder Dominanz über jemanden auszuüben, ist es am einfachsten, sich selbst größer erscheinen zu lassen. Sie könnten zum Beispiel aufstehen, während Sie mit jemandem sprechen, während dieser sitzt. Wenn Sie das tun, hat die andere Person das Gefühl, dass Sie dominanter sind als sie selbst, weil Sie als größer wahrgenommen werden als sie.

Dabei müssen Sie jedoch darauf achten, dass Sie sich nicht über die andere Person beugen. Wenn Sie sich über sie beugen oder über ihr stehen, können Sie so einschüchternd wirken, dass Sie die vertrauenserweckende Wirkung, die Sie vermitteln wollten, zunichte machen. Wenn jemand von Ihnen eingeschüchtert ist, konzentriert er sich nicht auf Ihr Vertrauen, sondern auf Ihr aggressives oder einschüchterndes Verhalten.

Sie können das Aufstehen auch nutzen, um Ihr Selbstvertrauen zu stärken, ähnlich wie Sie die Superman-Pose einnehmen können - wenn Sie das zum Beispiel bei einem Telefonat tun, fühlen Sie sich mit größerer Wahrscheinlichkeit selbstbewusst und sind in der Lage, effektiv zu arbeiten. Wenn Sie sich selbstbewusst fühlen, können Sie sich besser durchsetzen, und wenn Sie sich besser durchsetzen können, ist es wahrscheinlicher, dass Sie die von Ihnen gewünschten Ergebnisse erzielen.

Anlehnen

Sie wollen sich zwar nicht über jemanden beugen, aber wenn Sie in der Lage sind, sich zu beugen, können Sie die andere Person davon überzeugen, dass Sie mehr Interesse an dem Gespräch haben. Wenn Sie z. B. Ihren Kopf nur leicht neigen, nimmt Ihr Gegenüber dies als Interesse wahr. Sie können diesen Effekt noch verstärken, indem Sie sich während des Gesprächs nach innen lehnen, vor allem, wenn Sie sich beide gegenüber sitzen. Wenn Sie sich ein wenig nach innen lehnen, hat die andere Person das Gefühl, dass Sie ihr wirklich zuhören, und dieses Gefühl der Bestätigung reicht oft aus, um die andere Person dazu zu bringen, dass sie das Gefühl hat, dass sie angenehmer sein sollte. Denken Sie jedoch daran, dass Sie sich nie zu sehr anlehnen sollten, da es der anderen Person sonst schwer fallen wird, Ihnen zu vertrauen. Wenn Sie sich zu weit vorlehnen, kann die andere Person das Gefühl bekommen, dass Sie ihr drohen, und das kann Ihre Versuche, die andere Person zu beeinflussen, völlig zunichte machen. Es ist in Ordnung, wenn sich die andere Person je nach Kontext etwas zurücklehnt, denn das bedeutet, dass sie anerkennt, dass Sie die Situation unter Kontrolle haben. Genau zu wissen, wie weit man sich nach innen lehnen kann, ohne andere einzuschüchtern oder zu bedrohen, ist eine wichtige Fähigkeit, die man lernen muss, und es gehört zu den Dingen, die Übung erfordern, um sie zu entdecken.

Benutze deine Füße

Denken Sie daran, wie aussagekräftig die Füße sind - wenn Sie verstehen, dass sie dazu benutzt werden können, um zu bestätigen, woran jemand interessiert ist, können Sie dies zu Ihrem Vorteil nutzen. Indem Sie mit Ihren Füßen auf etwas oder jemanden zeigen, zeigen Sie dieser Person, dass Sie sich für sie interessieren, und das kann Ihnen helfen, Vertrauen aufzubauen. Mit dem Vertrauen kommt der Einfluss, und mit dem Einfluss kommt die Macht, zu überzeugen.

Sie können dies auch weiter verwenden, wenn Sie versuchen, jemanden dazu zu bringen, sich zwischen zwei Dingen zu entscheiden, sollten Sie Ihren Körper leicht verschieben, um mit den Füßen auf das zu zeigen, was derjenige wählen soll. Es ist wahrscheinlicher, dass die Person das wählt, worauf Sie zeigen. Wenn Sie möchten, dass jemand ein Gespräch beendet, können Sie Ihre Füße auch woanders hinstellen, z. B. in Richtung einer Tür. Die meisten Menschen werden den Hinweis verstehen und sich entsprechend bewegen.

NLP ZUR BEEINFLUSSUNG

NLP steht für Neurolinguistische Verarbeitung. Es ist eine Verschmelzung des Verständnisses der Funktionen des Gehirns, wie Sprache die Funktionen des Gehirns beeinflusst und wie sich das alles auf das Verhalten auswirkt, was es den Menschen ermöglicht, ihr Verständnis der Welt zu kartieren. Letztlich kulminieren alle Erfahrungen in dieser Karte, die den Menschen durch sein Leben führt. Alles, was jemand tut, wird von dieser Landkarte geleitet, ganz gleich, wie fehlgeleitet oder ungenau die Landkarte sein mag. Mit verschiedenen Methoden versucht NLP, die fehlerhaften Landkarten, die Menschen entwickelt haben, zu korrigieren, in der Hoffnung, dass die Landkarte funktional und genau wird.

Was ist NLP?

NLP ist ein Weg, sich den Glaubenssystemen der Menschen anzunähern, um Verhaltensänderungen zu ermöglichen. Durch Wahrnehmungs-, Sprach- und Verhaltenstechniken, wie z. B. das Hinzufügen neuer Hinweise oder die Verwendung bestimmter Wörter, Handlungen und Gedanken, werden diese dann verändert. Es wird als sehr nützlich angesehen, wenn man versucht, das Verhalten einer anderen Person zu ändern, und kann auf verschiedene Weise eingesetzt werden. Man kann es als Therapie nutzen, um an sich selbst und seinem eigenen Verhalten zu arbeiten, in der Hoffnung, sich selbst zu verbessern, oder man kann es auch als Werkzeug nutzen, um andere zu überreden oder zu manipulieren.

Letztlich bezieht sich der Name auf das Nervensystem (neuro), die verbale und nonverbale Art und Weise, wie Menschen kommunizieren (linguistisch), und die Art und Weise, wie wir den neurologischen und linguistischen Input organisieren, um die gewünschten Ergebnisse zu erzielen (Verarbeitung). Mit diesen drei Ebenen sind Menschen in der Lage, mit verschiedenen Methoden und Techniken die Gedanken anderer anzuzapfen, um die andere Person zu einem bestimmten Verhalten zu bewegen. Es wird erkannt, dass Erfahrung und Kommunikation alle Verhaltensweisen steuern, und es wird versucht, diese zu kontrollieren . Durch die Kontrolle dieser Faktoren kann der Einzelne also sein Verhalten stark verändern.

NLP anwenden

Letztendlich ist NLP ziemlich breit gefächert - es gibt verschiedene Möglichkeiten, wie NLP-Praktizierende NLP einsetzen können, um die Gedanken ihrer Mitmenschen zu verändern. Jede der folgenden Methoden kann auf sehr unterschiedliche Weise eingesetzt werden, um unterschiedliche Ergebnisse zu erzielen. Bei einem so breiten Spektrum an verfügbaren Techniken kann jeder relativ leicht etwas finden, das für ihn geeignet ist, so dass diese Methode für fast jeden nützlich ist.

Verankerung

Bei der Verankerung handelt es sich um ein Konzept, bei dem eine Verbindung zwischen bestimmten Sinneserfahrungen, z. B. einer bestimmten Berührung oder einem bestimmten Geruch, und einem bestimmten emotionalen Zustand hergestellt wird. Auf diese Weise können Menschen ihre eigenen Emotionen kontrollieren. Wenn sie zum Beispiel zu Wutausbrüchen neigen, können sie sich selbst an das Gefühl der Ruhe binden, indem sie die sensorische Erfahrung des Klopfens ihrer Hände in einem bestimmten Muster nutzen, um diese Ruhe künstlich zu erzeugen. Dies ist im Grunde ein Sicherheitsnetz - jedes Mal, wenn sie sich wütend fühlen, können sie sich selbst klopfen und ein Gefühl der Ruhe hervorrufen, anstatt der Wut die Oberhand zu geben.

Dies kann auch auf heimtückischere Weise geschehen, z. B. dadurch, dass der Manipulator die Verweigerung des Gehorsams mit starken Schuld- und Schamgefühlen verbindet, die er seinen Opfern einflößt.

Rapport

Rapport bedeutet, dass eine Person in der Lage ist, sich mit einer anderen Person zu verbinden oder eine Beziehung zu ihr aufzubauen. Sobald diese Verbindung hergestellt ist, sind die Menschen auf viel offener für das Feedback der anderen Person, als sie es ohne diese Verbindung wären. Das bedeutet, dass die Menschen in der Lage sind, das Feedback zu nutzen, um andere dazu zu bringen, sich so zu verhalten, wie sie es sonst nicht unbedingt tun würden. Oft wird diese Beziehung durch eine Kombination aus Spiegelung und Einfühlungsvermögen hergestellt, bei der der Therapeut den Patienten sorgfältig spiegelt, in der Hoffnung, seine Denkweise und sein Verhalten zu verstehen, um die Art von Beziehung aufzubauen, die für die Person, die sich in Behandlung begibt, von Vorteil ist.

Natürlich kann der Manipulator dies auch auf heimtückischere Weise ausnutzen - er kann diese Verbindung durch Spiegelung nutzen und sich selbst als vertrauenswürdig einstufen, so dass er beginnen kann, im Kopf seines Opfers herumzuspielen. Durch besondere Aufmerksamkeit für Details könnte er langsam beginnen, seine eigenen Anker im Opfer zu installieren, die er später nutzen kann, weil er es geschafft hat, in diese Vertrauensposition zu gelangen.

Swish-Muster

Swish-Muster sind eine Technik, mit der unerwünschte

Verhaltensweisen angegangen werden. Dabei werden die Submodalitäten oder die Art und Weise, wie das Verhalten kognitiv angegangen wird, verändert, um eine Art Dominoeffekt zu erzeugen, der die Verhaltensmuster der Person vollständig verändern kann. Oft wird der Auslöser für das unerwünschte Verhalten genommen und versucht, diesen Auslöser mit etwas Positivem zu überdecken. Der Gedanke ist, dass ein Auslöser dann stattdessen die Ersatzreaktion hervorrufen würde.

Natürlich kann sich der Manipulator diese Technik auch zunutze machen und alle möglichen Verhaltensmuster bei seinem Opfer installieren, sobald er die nötige Beziehung aufgebaut hat. Indem er sorgfältig auf die Worte achtet, die er benutzt, und auf die Verhaltensweisen, die er in der Umgebung seiner Opfer an den Tag legt, kann er anfangen, Muster zu entwickeln, die ihm eher dienen als konstruktive Gewohnheiten. Auf diese Weise richtet er die Dinge im Wesentlichen so ein, dass er in der Lage ist, das Zentrum der Welt des Opfers von innen heraus zu werden.

Visuelle/kinästhetische Dissoziation

Bei der visuellen/kinästhetischen Dissoziation versucht der Therapeut, die negativen Gedanken und Gefühle zu beseitigen, die mit einem Trauma oder einem anderen negativen Ereignis aus der Vergangenheit verbunden sind, das der Person, die um Hilfe bittet, Schwierigkeiten bereitet hat. Bei dieser Methode wird dem Patienten oft beigebracht, die Vision des ursprünglichen Traumas zu verfälschen, indem lustige oder anderweitig nicht beunruhigende Hinweise eingefügt werden, in der Hoffnung, dass die Person sich durch das negative Ereignis weniger aufgewühlt und stattdessen eher amüsiert fühlt. Dies ist vergleichbar mit der Vorstellung eines Menschen mit Lampenfieber, der sich vorstellt, dass alle im Publikum nur Unterwäsche tragen, um den Stress beim Sprechen vor einer Menschenmenge zu lindern.

Auch hier kann der Manipulator einen Vorteil daraus ziehen. Es ist durchaus möglich, dass der Manipulator Dinge sagt und tut, die negative Assoziationen mit bestimmten Gedanken und Gefühlen hervorrufen und so einen Gedanken oder ein Konzept zunichte machen, das Sie einst beruhigt hat.

DER BARNUM-EFFEKT

Waren Sie schon einmal auf einem Jahrmarkt, als Sie von einer Person angesprochen wurden, die dunkle Farben trug, mit großem Modeschmuck behangen war und behauptete, sie könne die Toten erreichen? Vielleicht hat sie das Gespräch mit etwas begonnen, das in etwa so lautet: "Ich kann ihn sehen... Er sagt, dass er seine Bubba sehr vermisst", oder mit etwas anderem, das sehr vage ist. Schließlich haben die meisten Menschen irgendwann einmal jemanden in ihrem Leben verloren, und wenn sie dann auch noch einen vagen Spitznamen einstreuen, ist die Wahrscheinlichkeit groß, dass sie jemanden dazu bringen, innezuhalten und zuzuhören. Wenn das, was sie sagt, auch nur vage auf jemanden zutrifft, vor allem wenn es sich um ein emotionales Thema wie den Verlust eines geliebten Menschen handelt, wird die andere Person wahrscheinlich innehalten und zuhören, weil sie wissen will, was passieren wird. Selbst wenn die andere Person noch nie an das Paranormale geglaubt hat, reicht eine einfache, vage Aussage, die auf die meisten Menschen zutreffen könnte, aus, um Zweifel zu wecken und Interesse zu wecken.

Was ist der Barnum-Effekt?

Der Barnum-Effekt ist der Effekt, den man beobachten kann, wenn Menschen etwas äußerst vage formulieren und erklären, dass es auf sie zugeschnitten sein muss. Stellen Sie sich zum Beispiel ein Horoskop vor: Die Leute reden oft darüber, wie sehr sie ein Stier sind, weil sie so stur, praktisch und ehrgeizig sind. Ungeachtet der Tatsache, dass viele Menschen sich selbst als stur, praktisch veranlagt und ehrgeizig beschreiben können, sind die Menschen von ganzem Herzen davon überzeugt, dass diese vagen Beschreibungen der

Persönlichkeit einer Person so spezifisch sind, dass man ihnen vertrauen muss. Dieses Konzept gilt für viele verschiedene paranormale Phänomene, wie z. B. die kurz erwähnte Astrologie und die Wahrsagerei.

Die Menschen fallen auf vage Andeutungen über etwas herein, das eindeutig nach Feedback fischt, um etwas zu erhalten, das tatsächlich in einer Weise genutzt werden könnte, die für denjenigen, der versucht, andere zu manipulieren, von Vorteil wäre. Die Leute denken, dass selbst die vage Andeutung genug Beweis ist, um das Gesagte zu legitimieren, solange sie sich zumindest teilweise damit identifizieren können.

Der Barnum-Effekt als Überzeugungstool

Wenn Sie versuchen, den Barnum-Effekt zu nutzen, um jemanden aktiv davon zu überzeugen, etwas zu tun oder zu glauben, müssen Sie zunächst mit Barnum-Aussagen beginnen. Bei diesen Aussagen handelt es sich um Verallgemeinerungen, die auf die große Mehrheit der Menschen zutreffen könnten. Da sie auf so viele Menschen zutreffen, können Sie den Leuten vorgaukeln, dass Sie ein Bauchgefühl oder eine paranormale Art von intuitiver Information erhalten.

Die Menschen glauben eher, dass jemand ein echter Hellseher oder Wahrsager ist, wenn das, was zu ihnen gesagt wird, auch nur im Entferntesten mit ihnen zu tun hat. Dies führt dazu, dass viele Menschen diesen Effekt nutzen, um andere davon zu überzeugen, dass sie übersinnlich sind, magisch begabt, in der Lage, mit den Toten zu kommunizieren oder sogar Kristallkugeln, Tarotkarten oder Handflächen zu lesen. Alle diese Dinge, die die Wissenschaft als unmöglich ablehnt, können dem Barnum-Effekt zugeschrieben werden. Letztendlich hat die Psychologie den Barnum-Effekt auf zweierlei Weise untersucht - zum einen durch die Erstellung von Feedback für Menschen in Experimenten und zum anderen in Verbindung mit Computern, die Persönlichkeitsfeedback geben sollen, um herauszufinden, ob Menschen eher wahrheitsgemäßen Beschreibungen von sich selbst Glauben schenken als einer vagen Liste von Persönlichkeitsmerkmalen, die auf fast jeden in irgendeiner Form zutreffen könnten. Am Ende stellte sich heraus, dass die Menschen vage, fast bedeutungslose Beschreibungen genauso wahrscheinlich akzeptieren wie die wahrheitsgetreuen Persönlichkeitsbeschreibungen, die tatsächlich nur für sie persönlich erstellt wurden.

Es hat den Anschein, dass die Menschen viel eher positive Aussagen akzeptieren. Die Menschen neigen eher dazu, eine negative Aussage abzulehnen als eine positive, wenn sie die Persönlichkeit einer Person beschreiben. So wird zum Beispiel eine Aussage wie "Ich bin immer stur und dickköpfig" viel eher als zutreffend akzeptiert, als eine Aussage wie "Ich respektiere Autoritäten nicht. "

Da Menschen von Natur aus eher geneigt sind, positive Aussagen zu akzeptieren, können Sie die Positivität nutzen, um negativen Kommentaren entgegenzuwirken, wenn Sie sie miteinander kombinieren. Man kann zum Beispiel sagen, dass jemand Schwierigkeiten mit Autorität hat, aber diese Schwierigkeiten, die Autorität anderer zu respektieren, dazu nutzt, immer nach Wegen zu suchen, um Führungspositionen zu verbessern, oder sie als natürlichen Antrieb zu nutzen, um sie zu ermutigen, aktiv nach Führungspositionen zu streben.

Wenn Sie lernen, dass Menschen vagen Aussagen, die überwiegend positiv sind, ganz natürlich folgen, können Sie dies zu Ihrem Vorteil nutzen, vor allem in einem Verkaufsjob. Stellen Sie sich einen Moment lang vor, Sie wären wieder ein Autoverkäufer. Eine Person kommt herein, trägt eine Sonnenbrille, ein paar modische Kleidungsstücke und eine Handtasche, die Sie als Markenprodukt erkennen. Anhand der Marken, die sie von Kopf bis Fuß bedecken, erkennen Sie sofort, dass diese Person wahrscheinlich Statussymbole der Praktikabilität vorzieht.

Wenn Sie versuchen, mit ihr über den Kauf eines Autos zu sprechen, können Sie den Barnum-Effekt nutzen, um die Entscheidung der Frau zu beeinflussen. Beginnen Sie mit einer vagen Bemerkung darüber, wie sehr sie sich um ihr Äußeres zu kümmern scheint, und lassen Sie die Bemerkung gerade so allgemein, dass Sie ihr nichts Ernstes unterstellen, ihr aber Raum für die Vorstellung lassen, dass Sie sie vollkommen verstehen. Wenn sie davon überzeugt ist, dass Sie in der Lage sind, sie und ihre Bedürfnisse zu verstehen, wird sie eher bereit sein, auf Ihre Vorschläge einzugehen. Wenn Sie ihr empfehlen, sich ein schickes Auto zu kaufen, wird sie das wahrscheinlich tun, und wenn Sie ihr empfehlen, sich etwas Praktischeres zu kaufen, das aber genau zu dem Etikett passt, das Sie ihr zugewiesen haben, wird sie das wahrscheinlich auch tun.

Indem Sie den Barnum-Effekt nutzen, können Sie mit kleinen, vagen Informationen ein falsches Bild von den Menschen in Ihrer Umgebung vermitteln, und die Menschen, die Sie überzeugen wollen, werden es schlucken.

Kaltes Lesen

Ähnlich wie beim Barnum-Effekt wird beim Cold Reading eine breite Palette von Techniken eingesetzt, um vorzutäuschen, dass jemand weit mehr über eine Situation weiß, als er tatsächlich weiß. Die Person ist in der Lage, eine andere Person anzuschauen und auf einen Blick eine Vielzahl von Informationen zu sammeln, indem sie die Körpersprache, die Frisur, die Wahl der Kleidung, die Menschen in der Umgebung der Person, die Wortwahl und im Grunde alles andere, was eine Person in normalen täglichen Interaktionen ausstrahlt, nutzt, um den Anschein von Vertrautheit zu erwecken.

Dies ist eine Technik, die oft die Verwendung von sehr wahrscheinlichen Vermutungen ausschließlich auf der Grundlage von Informationen von außen, und dass Informationen ist viel für die einzelnen Versuch cold reading zu nutzen. Diejenigen, die diese Technik am besten beherrschen, sind in der Regel sehr scharfsinnig und achten sehr genau auf die Körpersprache, um zu erkennen, wie weit sie die andere Person überzeugen können oder ob die Bemühungen weitgehend umsonst sind, wenn eine bestimmte Art der Fragestellung beibehalten wird.

Oftmals fallen Menschen aufgrund ihrer eigenen Bestätigungsvoreingenommenheit schnell darauf herein. Aufgrund dieser Voreingenommenheit halten sie vage Äußerungen für zutreffend, selbst wenn sie so vage sind, dass sie auf mehrere andere Menschen in ihrer Umgebung zutreffen. Die Neigung, auf diese vagen Aussagen hereinzufallen, rührt von dem tief sitzenden Bedürfnis und Wunsch der Menschheit her, in allem einen Sinn zu finden, sowie von der Hoffnung, in der Zukunft mit jemandem kommunizieren zu können, der verloren gegangen ist. Die Menschen springen oft auf die Idee an, dass sie mit jemandem sprechen können, den sie verloren haben, und Betrüger lieben es, diese Tatsache auszunutzen, um so viel Geld wie möglich von den armen Trotteln zu bekommen, die sich nie die Mühe gemacht haben, ihre Handlungen oder die Wirksamkeit solcher Handlungen zu untersuchen. Sie nutzen die Verzweiflung der armen Menschen für ihre eigenen egoistischen Zwecke aus und treiben es auf die Spitze, indem sie die andere Person von etwas überzeugen, das nicht wahr ist, nur um an leichtes Geld zu kommen.

Einsatz von Cold Reading

Letztendlich wird Cold Reading weitgehend als Betrug eingesetzt. Menschen, die besonders gut darin sind, andere zu verstehen und zu lesen, nutzen diese Art des Cold Reading, um Geld zu verdienen, und nutzen dabei diejenigen aus, die nicht klug genug sind, um zu erkennen, dass es sich um einen Betrug handelt. Der Trickbetrüger, der Cold Reading einsetzt, kann einer anderen Person vorgaukeln, dass er oder sie zu weit mehr fähig ist, als er oder sie tatsächlich ist, und gewinnt so das Vertrauen der anderen Person.

Kaltes Lesen kann auch überzeugend eingesetzt werden, wie in dem bereits erwähnten Beispiel mit dem Autoverkäufer im Kapitel über den Barnum-Effekt. Wenn Sie in der Lage sind, gut kalt zu lesen, können Sie die Leute oft davon überzeugen, dass Sie besonders gut in Menschen lesen können, was zu einer Vertiefung des Vertrauens führt, die der anderen Person das Gefühl gibt, dass Sie vertrauenswürdig sind, obwohl Sie nichts anderes getan haben als sie zu betrügen. Indem man sich Bestätigungsfehler zunutze macht, bei denen Menschen immer eher bereit sind, sich selbst in vagen Beschreibungen zu sehen, und dem Betrüger alle Informationen geben, die er braucht, um den Betrug fortzusetzen.

Wie man Cold Reading einsetzt

Letztlich gibt es verschiedene Arten von Cold Readings, zu denen auch der Barnum-Effekt gehört. In diesem Abschnitt werden Sie einen Blick auf einige der effektivsten Methoden des Cold Readings werfen. Wenn Sie diese Methoden kennen lernen, werden Sie verstehen, wie Menschen auf diese Tricks hereinfallen. Wenn Sie wissen, dass es diese Betrügereien gibt, können Sie sich auch in Zukunft besser schützen.

Schrotflinten

Beim "Shotgunning" beginnt der Trickbetrüger mit etwas unglaublich Vagem, und oft beginnt er sogar mit einer Erklärung, wie vage die Kunst sein kann. Der Trickbetrüger kann zum Beispiel sagen: "Das ist für Sie oft bedeutungsvoller als für mich, also bitte helfen Sie mir, Ihnen zu helfen." Damit werden zwei Dinge erreicht: Der Betrogene wird darauf vorbereitet, dass er mit Unklarheiten zu rechnen hat, die er später ausnutzen muss, und er sagt dem Betrogenen, dass er dem Künstler vertrauen soll, indem er an das Prinzip der Sympathie appelliert, auf ein gemeinsames Ziel hinzuarbeiten.

Von da an schießt der Künstler mehrere vage Kommentare in schneller Folge ab und achtet genau auf Anzeichen von Erkennen oder Reaktionen bei der Person, die betrogen wird. Sie sagen vielleicht etwas darüber, dass jemand jenseits des Grabes versucht, die Person zu kontaktieren, und warten dann auf die Reaktion der Person, um die Geschichte zu erzählen. Im Laufe der Zeit feuert der Künstler immer mehr auf die Person, wobei er sich langsam an etwas Bestimmtes herantastet. Indem er die Reaktionen der anderen Person studiert und darauf achtet, dass alles so vage ist, dass es anwendbar sein könnte, gelingt es ihm mit der Zeit, die andere Person davon zu überzeugen, dass er oder sie mit den Toten kommunizieren kann.

Angeln

Beim Angeln geht man etwas methodischer vor als beim Schrotschuss, aber es kommt immer noch ganz darauf an, das Opfer zu lesen und seine Reaktionen zu verstehen, wenn sie auftreten. Bei dieser Art des Cold Reading beginnt der Betrüger mit einer vagen, aber fundierten Vermutung über das Opfer. Anhand des Aussehens des Opfers kann der Trickbetrüger entscheiden, in welcher Lage sich das Opfer befindet, und dann damit beginnen, nach Informationen zu fischen. Handelt es sich zum Beispiel um eine Person mittleren Alters, kann er mit einer Bemerkung über jemanden beginnen, der hinter der Person steht. Der Trickbetrüger kann einen anderen Hinweis einstreuen, z. B. die Frage, ob die andere Person in letzter Zeit einen Eltern- oder Großelternteil verloren hat und dabei genau beobachten, wie die andere Person reagiert. Selbst wenn die andere Person versucht, es nicht zu tun, können einige subtile Verhaltenshinweise auftreten, die die Person dazu bringen, weiter zu angeln. Der Betrüger kann dann versuchen, die Todesursache oder die Umstände des Todes zu erraten, indem er behauptet, dass die Person auf einen Bereich deutet, in dem es oft Komplikationen gibt. Der Angler überzeugt das Opfer im Wesentlichen durch diese vagen Bemerkungen und betrügt die Person um ihr Geld.

Regenbogen Ruse

Bei der Regenbogen-Masche nimmt ein Trickbetrüger Züge des Barnum-Effekts und wendet sie mit Widersprüchen an. Indem er gängige Persönlichkeitsmerkmale auflistet und sie gleichzeitig mit dem Gegenteil verbindet, kann der Betrüger praktisch jeden auf dem Spektrum einfangen. Der Trickbetrüger könnte zum Beispiel etwas sagen wie: "Sie sind zwar sehr freundlich und mitfühlend zu Ihren

Mitmenschen, aber vor kurzem hat Sie jemand so sehr verletzt, dass Sie etwas getan haben, was Sie bereuen." Diese Aussage ist so vage, dass sie auf praktisch jeden zutreffen könnte. Es gibt wahrscheinlich keinen einzigen Menschen, der nicht schon einmal im Zorn etwas getan hat, das er nicht kurz darauf bereut hat, und der Betrüger weiß das. Mit diesen vagen Aussagen kann der Trickbetrüger sein Gegenüber davon überzeugen, dass er es versteht.

Warmes Lesen

Warmes Lesen unterscheidet sich etwas vom kalten Lesen, bei dem der Betrüger über genügend vage Informationen verfügt, um eine allgemeine Vorstellung davon zu haben, worauf er mit den Techniken des kalten Lesens abzielen kann, wodurch er dem kalten Leser einen Schritt voraus ist. Oft handelt es sich um jemanden, der eine allgemeine Vorstellung davon hat, wie Psychologie und Statistik funktionieren, und der Warm Reader wird diese zu seinem Vorteil nutzen.

Er weiß zum Beispiel, dass Menschen oft Erinnerungsstücke an Verstorbene aufbewahren, die eine gewisse Bedeutung haben, wie etwa ein Accessoire, das die Person oft trug, oder die häufigsten Todesursachen im Land. Der Leser wird diese führenden Todesursachen oft als Mittel nutzen, um nach Informationen darüber zu fischen, wie die Person gestorben ist, und er wird auch darauf hinweisen, dass Menschen ein Schmuckstück oder eine Uhr besitzen, die dem Verstorbenen gehörten. Durch diese Andeutungen und das Erkennen, wie jemand zu lesen ist, ist der warme Leser in der Lage, effizienter zu arbeiten als der kalte Leser, um das gleiche Ziel zu erreichen.

SPIEGELN

Haben Sie schon einmal in einem Restaurant gesessen und Leute beobachtet?

Es kann recht amüsant sein, sich zurückzulehnen und all die Menschen um einen herum zu beobachten und zu versuchen, allein anhand der Körpersprache zu erkennen, wie ihre Beziehungen verlaufen müssen. Ja, es ist durchaus möglich, bei einem kurzen Blick auf einen anderen zu verstehen, wie sie miteinander auskommen. Man kann durchaus feststellen, wie gut oder wie schlecht sich Menschen verstehen, indem man sie einfach beobachtet und sieht, wie sie ihren Körper ganz natürlich umeinander herum ausrichten. Diese einfache Fähigkeit wird als Spiegelung bezeichnet, und sie ist absolut entscheidend, wenn Sie andere erfolgreich beeinflussen oder überzeugen wollen.

Wenn Sie das Spiegeln verstehen, haben Sie im Grunde ein eingebautes System, mit dem Sie beurteilen können, wie gut Menschen bereit sind, Ihnen zuzuhören. Sie können erkennen, ob es Ihnen gelingt, eine Beziehung aufzubauen, und wenn nicht, können Sie den Aufbau einer Beziehung ein wenig schneller vorantreiben.

Sie können das Spiegeln auf vielfältige Art und Weise nutzen, die für Sie absolut vorteilhaft sein kann, und Sie können es auf eine Art und Weise nutzen, die auch für andere nützlich sein kann.

Was ist Spiegelung?

Als Erstes müssen Sie lernen, was Spiegeln ist. Im einfachsten Fall ist es die menschliche Tendenz, das zu spiegeln, was um sie herum geschieht, wenn sie eine Beziehung zu dem spüren, was um sie herum geschieht. Wenn Sie beispielsweise ein altes Ehepaar betrachten, werden sie wahrscheinlich ständig das Verhalten des anderen spiegeln. Das ist im Grunde der ultimative Höhepunkt der Empathie - die Personen sind so miteinander verbunden, sind sich des anderen und seiner Verhaltensweisen so bewusst, dass sie unbewusst alle Verhaltensweisen nachahmen, die ihr Partner als Erster tut. Die beiden Verheirateten im Restaurant nippen vielleicht beide gleichzeitig an ihrem Kaffee, oder wenn der eine trinkt, wird der andere kurz darauf folgen. Wenn der eine seinen Platz wechselt, tut sie das auch, wobei sie sich immer so lehnt, dass sie die Position ihres Mannes einnimmt. Wenn sie etwas an ihrer Schulter abstreift, wird er unbewusst auch seine Schulter berühren. Dieser Vorgang wird als Spiegelung bezeichnet und tritt in einer Vielzahl von Situationen auf.

Man muss nicht unbedingt ein verheiratetes Paar sein, das schon seit Jahrzehnten zusammen ist, damit das Spiegeln relevant wird - man kann es überall beobachten. Die Person, mit der Sie ein Vorstellungsgespräch führen, beginnt vielleicht, Sie zu spiegeln, wenn das Gespräch gut verläuft, oder die Person, die Sie für attraktiv hält, ahmt vielleicht auch einige Ihrer Verhaltensweisen nach. Sie können sehen, dass diese Verhaltensweisen schon recht früh nachgeahmt werden, je nachdem, wie lange die Menschen schon miteinander zu tun haben - manchmal verstehen sich die Menschen sogar auf Anhieb und beginnen, sich gegenseitig zu spiegeln, was die Tatsache unterstreicht, dass es zwischen ihnen geklickt zu haben scheint.

Spiegeln ist im Grunde die ultimative Form der Schmeichelei - es bedeutet, die andere Person buchstäblich zu kopieren, weil man sie so sehr mag oder liebt. Kinder spiegeln ihre Eltern, wenn sie lernen, wie sie sich in der Welt zu verhalten haben. Gute Freunde spiegeln sich oft gegenseitig. Verkäufer, die eine Beziehung aufbauen wollen, spiegeln Menschen. Unabhängig von der Art der Beziehung, wenn es sich um eine positive Beziehung handelt, gibt es wahrscheinlich spiegelnde Verhaltensweisen, ob unbewusst oder nicht.

Verwendungszwecke von Mirroring

Sie fragen sich vielleicht, warum etwas so Einfaches wie Mimikry für andere so wichtig sein kann, aber es ist tatsächlich einer der grundlegendsten Bestandteile von Einflussnahme, Überredung und Manipulation. Wenn Sie jemanden spiegeln, können Sie eine Beziehung zu ihm aufbauen. Rapport ist im Wesentlichen das Maß für die Beziehung zu einer Person - wenn Sie einen guten Rapport zu einer Person haben, haben Sie ein gewisses Maß an Vertrauen zu ihr entwickelt. Die andere Person wird Ihnen wahrscheinlich glauben, was Sie sagen, wenn Sie ein gutes Verhältnis entwickeln. Wenn Sie jedoch noch keine Beziehung aufgebaut haben und die andere Person Ihnen zuhören soll, können Sie diese Beziehung oft durch eine einfache Aufgabe künstlich herstellen: Spiegeln. Wenn Sie die andere Person spiegeln, können Sie sie im Wesentlichen davon überzeugen, eine Beziehung zu Ihnen aufzubauen, unabhängig davon, ob sie dies von sich aus wollte oder ob Sie es erzwungen haben.

Indem Sie die andere Person ständig spiegeln, senden Sie im Wesentlichen die Zeichen an ihr Gehirn, dass sie diese Person mögen muss, weil diese Person genau wie sie ist. Erinnern Sie sich an die drei Schlüsselfaktoren für Sympathie? Der erste Faktor war die Fähigkeit, sich mit der anderen Person zu identifizieren. In diesem Fall präsentieren Sie sich als eine Person, mit der man sich leicht identifizieren kann, einfach weil Sie wollen, dass die andere Person Sie mag. Wenn man Sie mag, entsteht Beziehung. Aus dieser Beziehung erwächst Vertrauen, das Sie nutzen können, um die andere Person zu überzeugen, Autos zu kaufen oder bestimmte Dinge zu tun, die Ihnen zugute kommen. Durch den Aufbau von

Beziehungen wird sogar die Fähigkeit aufgebaut, die andere Person zu manipulieren - Sie müssen vertrauenswürdig sein, damit die andere Person Sie überhaupt in die Nähe der Manipulation lässt.

Wie man spiegelt

Zum Glück ist das Spiegeln recht einfach zu erlernen. Auch wenn es anfangs unbeholfen und unnatürlich erscheinen mag, je mehr du es übst, desto natürlicher wird es für dich, und desto effektiver kannst du es anwenden. Denken Sie daran: Wenn Sie jemanden spiegeln wollen, müssen Sie die Grenze zwischen zu viel und zu wenig überschreiten. Wenn Sie zu offenkundig sind, wird die andere Person das bemerken und wahrscheinlich eher abgeschreckt als überzeugt sein, Sie zu mögen. Schauen Sie sich diese vier Schritte an, damit Sie lernen können, sich selbst zu spiegeln.

Eine Verbindung aufbauen

Der erste Schritt, wenn Sie versuchen, jemanden zu spiegeln, besteht darin, zunächst eine Verbindung aufzubauen. Wenn Sie sich nicht mit der anderen Person verbunden fühlen, wird diese wahrscheinlich auch keine Verbindung spüren. Wenn Sie das bedenken, sollten Sie damit beginnen, eine Art von Verbindung und Rapport aufzubauen. Das lässt sich mit vier einfachen Schritten erreichen.

Frontenbildung: Dies ist der Akt, der anderen Person vollständig zugewandt zu sein. Sie beginnen mit Ihrem Körper in Richtung der anderen Person und schauen ihr direkt zu, um ihr Ihre volle Aufmerksamkeit zu schenken.

Augenkontakt: Das ist der knifflige Teil - wenn Sie Augenkontakt herstellen, müssen Sie darauf achten, dass Sie den richtigen Umfang haben. Sehen Sie sich die Schritte an, die im vorherigen Abschnitt über Augenkontakt beschrieben wurden, um sicherzustellen, dass

Sie diesen Teil richtig hinbekommen.

***Das dreifache Nicken*:** Damit werden zwei Dinge erreicht: Die andere Person wird ermutigt, weiter zu sprechen, weil sie sich wertgeschätzt und gehört fühlt, und die andere Person hat das Gefühl, dass Sie ihr zustimmen. Es entwickelt das so genannte "Ja-Set". Je öfter Sie Ja sagen, desto wahrscheinlicher ist es, dass Sie eine Verbindung zu der anderen Person aufbauen.

***Täuschen Sie es vor, bis Sie es schaffen*:** An diesem Punkt haben Sie viel Zeit damit verbracht, die Verbindung herzustellen, und es ist Zeit für den Moment der Wahrheit. Sie sollten sich vorstellen, dass die Person in diesem Moment die interessanteste der Welt ist.

Sie wollen wirklich glauben, dass die Person für Sie interessant ist. Dann hören Sie auf, so zu tun als ob - Sie sollten spüren, dass die Person in diesem Moment tatsächlich interessant für Sie ist. Dies ist die Geburtsstunde der Verbindung, die Sie herzustellen versucht haben.

Tempo und Volumen

Bevor Sie nun anfangen, die Körpersprache Ihres Gesprächspartners zu imitieren, sollten Sie zunächst auf die stimmlichen Signale Ihres Gegenübers achten. Sie sollten sicherstellen, dass Sie in der gleichen Geschwindigkeit sprechen wie die andere Person. Wenn die andere Person schnell spricht, sollten Sie auch schnell sprechen, und wenn sie langsamer spricht, sollten Sie Ihr eigenes Sprechtempo verlangsamen und anpassen.

Achten Sie dann darauf, dass Sie auch die Lautstärke nachahmen. Wenn die andere Person lauter spricht, sollten Sie Ihre eigene Stimme anheben. Wenn Ihr Gesprächspartner leiser spricht, sollten Sie es ihm gleichtun. Diese stimmlichen Signale lassen sich viel leichter unbemerkt imitieren als die übrigen körperlichen Signale.

Der Zeichensetzer

Jeder hat einen Interpunktionsmechanismus, den er zur Betonung einsetzt. Das kann z. B. eine Handbewegung sein, die immer dann eingesetzt wird, wenn man etwas betonen will, oder die Art und Weise, wie man die Augenbrauen hochzieht, wenn man das Wort sagt, das man betonen will. Unabhängig von der Art der Interpunktion sollten Sie diese erkennen und versuchen, sie im Moment nachzuahmen. Oft ist dieses Zeichen dem anderen gar nicht bewusst, und wenn Sie es nachahmen, wird er wahrscheinlich glauben, dass Sie auf der gleichen Wellenlänge sind. Das sollte für Sie ausreichen, ohne dass das, was Sie tun, offensichtlich wird.

Der Moment der Wahrheit

Jetzt können Sie testen, ob Sie die nötige Beziehung erfolgreich aufgebaut haben. Wenn Sie wissen wollen, ob die andere Person offiziell mit Ihnen verbunden ist, sollten Sie eine kleine Handlung ausführen, die nichts mit dem zu tun hat, was Sie gerade tun, und sehen, ob die andere Person dies auch tut. Wenn Sie sich zum Beispiel über Computer unterhalten, können Sie die Hand heben und sich für den Bruchteil einer Sekunde die Stirn reiben. Achten Sie darauf, ob Ihr Gesprächspartner sich gleich darauf ebenfalls die Stirn reibt. Wenn dies der Fall ist, hat er eine Verbindung zu Ihnen hergestellt, und Sie können mit Ihren Überzeugungstechniken fortfahren.

TIPPS FÜR DEN UMGANG MIT MANIPULATION

Manipulation kann in Beziehungen auf subtile und oft unerkannte Weise auftreten. Häufig bemerkt man erst, wie tief man in einem Netz aus emotionalen und psychologischen Manipulationen gefangen ist, wenn es schon zu spät scheint. Doch es gibt Wege, sich aus diesen toxischen Dynamiken zu befreien. Ob es darum geht, den Kontakt zu reduzieren, sich emotional abzugrenzen oder klare Grenzen zu setzen – die folgenden Tipps helfen Ihnen, Ihre Autonomie zu wahren und gesunde Beziehungen aufzubauen.

Sie abschneiden

Wenn Sie versuchen, die Possen des Manipulators zu vermeiden, ist es vielleicht am erfolgreichsten, wenn Sie ihn vollständig aus Ihrem Leben entfernen, wie das bösartige Krebsgeschwür, das er ist. Wenn Sie sich vollständig von dem Manipulator trennen, werden Sie viel glücklicher sein und sich selbst und Ihre eigenen Gedanken und Überzeugungen wiederentdecken, die dank der Handlungen des Manipulators die ganze Zeit unterdrückt wurden. Sie werden erfolgreicher sein, das Leben besser meistern können und unendlich viel glücklicher sein, ohne dass diese Giftigkeit Ihnen ständig in die Parade fährt.

Ignorieren, ignorieren, ignorieren!

Manipulatoren wollen, dass Sie alles mitmachen, was sie von Ihnen verlangen. Sie werden alles sagen, was nötig ist, um diese Reaktion von Ihnen zu bekommen, selbst wenn ihre Methoden grausam oder verletzend sind. Es kann sogar vorkommen, dass sie Dinge sagen, von denen Sie wissen, dass sie schlichtweg unwahr sind, in der

Hoffnung, dass Sie negativ reagieren oder versuchen, sie zu korrigieren. Zum Beispiel könnten sie Ihnen gegenüber eine abfällige Bemerkung machen, wie die Frage, wann das nächste Baby fällig ist. Sie könnten die Person korrigieren und sie auf ihr schreckliches Verhalten hinweisen, oder Sie könnten es ignorieren.

Sehen Sie es einmal so: Wenn Sie sich wehren, geben Sie ihm genau das, was er will. Du reagierst emotional, was bedeutet, dass die Fäden, die er gespannt hat, immer noch fest in der Hand sind, was es ihm ermöglicht, dich weiterhin zu manipulieren. Sie können weiterhin auf Sie eindreschen und auf Sie eindreschen, in der Hoffnung, dass Sie sich immer mehr aufregen, während sie alles über Ihre Auslöser lernen, die sie in Zukunft gegen Sie verwenden können. Wenn Ignorieren in diesem Moment keine Option ist, können Sie stattdessen nicht reagieren oder dem Gesagten zustimmen, um die andere Person zum Aufhören zu bewegen. Indem Sie die Emotionen ausschalten, belohnen Sie das Verhalten des Manipulators nicht.

Vertrauen Sie sich selbst

Manipulatoren leben davon, Sie davon zu überzeugen, dass Sie nicht wissen, was das Beste ist. Sie können sogar alles daran setzen, Sie an Ihrer eigenen Wahrnehmung der Welt zweifeln zu lassen, indem sie Sie davon überzeugen, dass Sie sich in belanglosen Details des Lebens irren, bis Sie so überzeugt sind, dass Sie die Welt nicht mehr klar sehen können, dass Sie sich den Entscheidungen des Manipulators beugen. Anstatt auf das zu hören, was der Manipulator für das Beste für Sie hält, ist es an der Zeit, die Kontrolle wieder zu übernehmen und sich selbst zu vertrauen.

Sehen Sie sich Ihre eigenen Wünsche an. Sehen Sie sich Ihre eigenen Meinungen an. Sie sind gültig und wert, verfolgt zu werden. Sie sollten nicht zulassen, dass der Manipulator in Ihrem Leben Entscheidungen trifft, die nur wenig Einfluss auf ihn oder sie haben. Erlauben Sie ihm oder ihr nicht, Sie zu definieren, und folgen Sie Ihren eigenen Werten. Schließlich können Sie selbst am besten beurteilen, was für Sie am besten ist. Die Überzeugungen, die Sie haben, sind akzeptabel, und niemand sollte in der Lage sein, sie Ihnen wegzunehmen.

Den Manipulator mit seinem eigenen Spiel schlagen

Manipulatoren lieben es, sich in Ihr Leben zu schleichen und es langsam an sich zu reißen. Sie übernehmen deine Freunde, bevor sie sie systematisch gegen dich aufbringen. Sie weisen dich vielleicht darauf hin, wie sehr du ein Versager bist, weil du in der Vergangenheit einen Fehler gemacht hast, der für deine Arbeit nicht mehr relevant ist, nur um dich runterzumachen. Sie finden vielleicht etwas, das Sie wollen, und halten es für ihren eigenen egoistischen Nervenkitzel ständig außerhalb Ihrer Reichweite.

Wenn nichts anderes hilft und selbst das Ignorieren des Manipulators nichts bringt, ist es manchmal das Beste, in die Offensive zu gehen. In diesem Fall müssen Sie die eine Sache identifizieren, die der Manipulator in seiner Nähe behalten will. Dabei kann es sich um eine Person, eine Position oder eine Fähigkeit handeln. Egal, was es ist, finden Sie es heraus und versuchen Sie, den Manipulator zu stürzen. Wenn er einen Freund hat, den er wirklich schätzt, freunden Sie sich mit dieser Person an. Wenn er eine Position innehat, weil er etwas gut kann, und Sie zufällig die gleichen Fähigkeiten haben, sollten Sie versuchen, seine Position zu übernehmen. Letztendlich werden Sie einen Teil seines Lebens übernehmen und ihn damit zurücklassen, sein eigenes Leben wieder in den Griff zu bekommen, was Sie im Wesentlichen befreit, während sich sein Fokus verlagert.

Mit der Gewohnheit brechen

Manchmal ist man so sehr im Status quo gefangen, dass man, auch wenn man sich von einem Manipulator trennen will, nicht aus dem Trott herauskommt. Vielleicht vermissen Sie den Manipulator plötzlich in Ihrem Leben, oder es passiert etwas, das eine Reaktion auslöst, die Sie nicht erwartet haben. Wenn dies geschieht, sollten Sie erkennen, dass der beste Schritt darin besteht, aus Ihrer Komfortzone herauszutreten und die Gewohnheiten zu durchbrechen, die Sie in Bezug auf den Manipulator entwickelt haben. Dies bewirkt zweierlei - es unterbricht Ihre Gewohnheit, dem zu gehorchen, worauf der Manipulator Sie konditioniert hat, und es zeigt auch dem Manipulator, dass Sie seine Launen nicht länger tolerieren werden. Wenn Sie das nächste Mal das Bedürfnis verspüren, dem nachzugeben, was der Narzisst erwartet, sollten Sie versuchen, etwas Neues auszuprobieren.

Erwarten Sie nicht, dass sie mit Ihnen übereinstimmen

Sie können zwar hoffen, dass der Manipulator rational handelt, wenn Sie versuchen, mit ihm zu sprechen oder ihm Ihre Gefühle mitzuteilen, wie es normale, rationale Menschen tun würden, aber Sie können nicht erwarten, dass der Manipulator tatsächlich etwas aus einer Konfrontation lernt. Stattdessen wird der Manipulator die Konfrontation als Munition betrachten, die er auf jede erdenkliche Weise gegen Sie einsetzen kann, und nicht als etwas, das als Lernerfahrung genutzt werden könnte. Anstatt zu hoffen, dass Sie den Manipulator ändern können, sollten Sie Ihre Verluste begrenzen und weiterziehen. Sie werden viel glücklicher sein, wenn Sie das tun.

Geben Sie nicht der Schuld nach

Schuldgefühle können unglaublich mächtig sein - sie sind sogar so mächtig, dass der Manipulator sie wahrscheinlich mehrmals gegen

Sie eingesetzt hat. Manipulatoren erkennen die treibende Kraft von Schuldgefühlen, wenn Verpflichtungen nicht erfüllt werden, und sie setzen sie gut ein. Sie sollten sich jedoch nicht schuldig fühlen, weil Sie den Ansprüchen des Manipulators nicht gerecht werden. Sie müssen dem Manipulator nicht nachgeben, und Sie müssen auch nicht den Versuchen des Manipulators nachgeben, Ihnen ein schlechtes Gewissen zu machen. Erinnern Sie sich daran, dass Sie Ihre angeborenen Menschenrechte anerkennen und sie nutzen. Sie dürfen Nein sagen, ohne sich schuldig zu fühlen.

Nie um Erlaubnis bitten

Sie sind Ihre eigene Person. Sie müssen den Manipulator nicht um Erlaubnis bitten, etwas zu tun, und Sie sollten auch nie den Drang verspüren, dies zu tun. Anstatt sich um die Gefühle anderer zu kümmern, sollten Sie sich stattdessen darauf konzentrieren, den Manipulator zu entmachten. Er kann Sie nur kontrollieren, wenn Sie es zulassen, und eine der Möglichkeiten, die Macht abzugeben, ist, um Erlaubnis zu bitten.

Wenn der Manipulator konfrontativ wird, versuchen Sie, die Situation zu entschärfen und gehen Sie.

Ein verärgerter Manipulator ist nie ein guter Mensch, und er könnte auf eine Weise ausschlagen, die Sie nicht erwartet hätten. Wenn Sie spüren, dass sich die Situation aufheizt, müssen Sie einen Weg finden, sich zu lösen und zu gehen, ohne eine nukleare Explosion auszulösen. Sie können dies auf verschiedene Weise tun, aber am effektivsten ist es, wenn Sie die Situation entschlossen beenden, ohne die Gelegenheit zu einem Gegenschlag zu geben. Wenn Sie z. B. auf jemanden haben, der Sie davon überzeugen will, dass seine verdrehte Version der Ereignisse der letzten Woche richtig ist, können Sie ihm einfach sagen, dass Sie sich an die Dinge anders erinnern und dass Sie etwas Zeit brauchen, um über seine Sichtweise nachzudenken, und dann weggehen. Wenn Sie dies schnell und entschlossen tun, sitzt der Manipulator fest.

Bestehen darauf, dass Sie eine Diskussion nicht fortsetzen, solange die andere Person emotional ist

Wenn Manipulatoren das Gefühl haben, dass ihnen die Kontrolle über eine Situation entgleitet, reagieren sie oft explosiv oder emotional, um Sie in letzter Sekunde zum Bleiben zu bewegen. Es kann zu Schreien, Drohungen, sich selbst zu verletzen oder Sie zu verletzen, zum Werfen von Gegenständen oder zu anderer Gewalt kommen. Denken Sie in einer solchen Situation an zwei Dinge: Wenn Sie das Gefühl haben, dass Sie in Gefahr sind, müssen Sie sich so schnell wie möglich von der Situation lösen und die Behörden verständigen. Zweitens: Machen Sie sich klar, dass Sie nicht für den emotionalen Zustand der anderen Person verantwortlich sind, egal wie sehr er Sie davon zu überzeugen versuchen mag. Ihm mit Nachdruck zu sagen, dass Sie sich weigern, ein Gespräch zu führen, wenn er so aufgebracht ist, und dann wegzugehen, ist wahrscheinlich der einfachste Weg, den Streit zu beenden, ohne dass er Gefühle zeigt.

10 TIPPS, UM WENIGER ANFÄLLIG FÜR AUSBEUTUNG ZU WERDEN

Manchmal ist es schwer, die feinen Anzeichen von Manipulation und Ausbeutung zu erkennen, besonders wenn man mitten in einer schwierigen Beziehung steckt. Doch je besser Sie diese Dynamiken verstehen, desto leichter wird es, sich davor zu schützen. Hier sind 10 praktische Tipps, mit denen Sie sich vor Manipulation und emotionaler Ausbeutung schützen können. Diese Strategien helfen Ihnen, Ihre persönliche Stärke zu bewahren, gesunde Grenzen zu setzen und sicherzustellen, dass Sie in jeder Beziehung, sei es privat oder beruflich, respektiert und geschätzt werden.

Lernen Sie die Anzeichen

Der einfachste Weg, sich zu schützen, besteht darin, dass Sie wissen, wie Sie die Anzeichen von Manipulatoren erkennen können. Herzlichen Glückwunsch! Das haben Sie bereits getan, indem Sie dieses Buch gelesen haben! Wenn Sie lernen, worauf Sie achten müssen, wissen Sie, wann etwas nicht stimmt, und Sie werden in der Lage sein, die andere Person zu befragen, was uns zu Tipp Nr. 2 führt:.

Ignorieren Sie niemals die roten Flaggen

Sie sollten NIEMALS irgendwelche Warnsignale der anderen Person ignorieren. Wenn sie sich manipulativ verhält und Sie das erkennen, sollten Sie nicht versuchen, sich zu entschuldigen oder der anderen Person einen Vertrauensvorschuss zu gewähren - das hat sie nicht verdient, wenn sie Sie manipuliert. Lassen Sie sich nicht von rührseligen Geschichten oder anderen Argumenten zum Nachgeben überreden, sondern konzentrieren Sie sich auf die Tatsache, dass Sie etwas Besseres verdient haben.

Fokus auf Selbstfürsorge

Der Manipulator wird nach Menschen suchen, die sich selbst nicht wertschätzen. Diejenigen, die ihren eigenen Wert nicht sehen, sind in der Regel viel leichter zu manipulieren, damit sie das tun, was sie wünschen, weil sie nicht glauben, dass sie etwas Besseres verdient haben. Wenn Sie sich auf Ihre Selbstfürsorge konzentrieren, sagen Sie sich selbst, dass Sie wertvoll sind. Sie geben sich selbst die Pflege, die Sie verdienen, um sicherzustellen, dass Sie gesund sind und gepflegt werden, was Sie weniger begehrenswert macht. Während die meisten Menschen Selbstvertrauen attraktiv finden, will der Manipulator damit nichts zu tun haben.

Selbstwertgefühl entwickeln

Das ist vielleicht leichter gesagt als getan, aber es ist dennoch wichtig - Sie sollten immer nach Möglichkeiten suchen, Ihr Selbstwertgefühl zu stärken. Wenn Sie das tun, werden Sie feststellen, dass Sie ein viel glücklicherer und gesünderer Mensch sind. Das allein wird Sie für den Manipulator weniger attraktiv machen, und zwar aus denselben Gründen, aus denen die Konzentration auf die Selbstfürsorge Sie weniger attraktiv macht.

Ein Unterstützungsnetzwerk aufbauen

Die einfachsten Ziele sind diejenigen, die bereits isoliert sind oder leicht zu isolieren sind. Wenn Sie sich mit einem Netzwerk von Freunden, Familienangehörigen und sogar einer Selbsthilfegruppe umgeben, die sich mit den Opfern von Manipulatoren befasst, kann dies Wunder bewirken, um Sie in Zukunft zu schützen. Je mehr Menschen um Sie herum sind, desto mehr Hindernisse sieht der Manipulator, um Sie unter Kontrolle zu bringen.

Verbessern Sie sich selbst

Ähnlich wie bei der Entwicklung des Selbstwertgefühls und der Selbstfürsorge sollten Sie versuchen, sich in irgendeiner Weise zu verbessern. Gehen Sie wieder zur Schule, um den Abschluss zu machen, den Sie schon immer haben wollten, oder gehen Sie ins Fitnessstudio und bringen Sie sich in eine bessere Form. Sie könnten eine neue Fertigkeit erlernen, z. B. Backen oder Angeln, oder mit dem Wandern oder der Freiwilligenarbeit beginnen. Suchen Sie sich etwas, das Sie leidenschaftlich interessiert, und widmen Sie sich dieser Aufgabe, um sich zu verbessern. Niemand bereut es, etwas getan zu haben, um sich selbst zu verbessern, und es wird eine willkommene Ablenkung vom Umgang mit dem Manipulator sein.

Niemals zufrieden sein

Erkennen Sie an, dass Sie Glück und Gesundheit nicht weniger verdient haben als jeder andere. Sie haben es absolut verdient, eine gute Beziehung zu haben, respektiert zu werden und ein glückliches Leben zu führen, frei von Missbrauch und Manipulation. Sie können dies erreichen, indem Sie sich selbst respektieren - geben Sie sich niemals mit jemandem zufrieden, der Ihnen weniger als das Beste gibt.

Die Menschen, mit denen Sie sich umgeben, sollten Ihren Wert erkennen und wollen, dass Sie das Beste sind, was Sie sein können, ohne das Bedürfnis zu haben, Sie zu ändern oder zu manipulieren. Sie sollten sich nur Menschen aussuchen, die Ihnen helfen, Ihre Ziele im Leben zu erreichen, ohne Sie zu behindern, oder die immer für Sie da sind, um Sie zu ermutigen, anstatt Sie in schwierigen Zeiten zu unterdrücken. Sie sollten nie das Bedürfnis haben, sich mit einer Beziehung oder Freundschaft zufrieden zu geben, die weniger ist, als Sie verdienen.

Grenzen setzen und sie unbedingt einhalten

Einer der Schlüssel zur Minimierung Ihrer Ausbeutbarkeit liegt in den Grenzen. Grenzen sind im Wesentlichen eine Abschirmung zwischen Ihnen und dem Manipulator, und während der Manipulator versuchen wird, an diesem Schild zu rütteln, in der Hoffnung, dass es zerbricht, müssen Sie das nötige Vertrauen haben, dass es unter den Versuchen des Manipulators nicht zerbrechen wird. Vertrauen Sie sich selbst und Ihren Grenzen, und halten Sie sie immer ein. Lassen Sie Ihre Grenzen nicht fallen, weil sie sich in diesem Moment zu schwer anfühlen. Sie müssen sicherstellen, dass Sie sie aufrechterhalten, um sich selbst zu schützen und dem Manipulator zu beweisen, dass sie nicht verhandelbar sind, auch wenn das der harte Weg ist, um zu bekommen, was Sie wollen.

Vertrauen Sie auf das Urteilsvermögen Ihrer Freunde und Familie

Achten Sie darauf, wie Ihre Umgebung auf Menschen reagiert, die Sie in Ihr Leben einladen. Wenn sie den Eindruck haben, dass die Person rote Fahnen zeigt, sollten Sie ihre Sichtweise ernsthaft in Betracht ziehen. Sie könnten Recht haben - es könnte ernsthafte Probleme geben, die Sie übersehen, sei es aufgrund von Verliebtheit oder aus anderen Gründen, die Sie daran hindern, dem Manipulator zu folgen.

Denken Sie daran: Wenn es zu schön ist, um wahr zu sein, ist es das wahrscheinlich auch.

Manipulatoren schleichen sich in das Leben ihrer Opfer ein, indem sie vorgeben, jemand zu sein, der sie nicht sind. Sie sind Meister darin, so zu tun, als wären sie begehrenswert und erwünscht, um die Menschen zu überzeugen, sie hereinzulassen. Viele Menschen haben das Gefühl, dass sie sich glücklich schätzen können, den Manipulator in ihrem Leben zu haben, weil sie sich anfangs so präsentieren, aber mit der Zeit geben sie ihr wahres Ich preis. Sie wissen, dass niemand in ihrer Nähe sein möchte, wenn sie die Wahrheit kennen, und deshalb verbergen sie sie. Das ist nur ein weiterer Teil ihrer Manipulationsversuche. Geben Sie ihnen diese Macht nicht und gehen Sie nicht darauf ein.

Verwendung der dunklen Psychologie heute

Dunkle Psychologie ist nicht nur für Einzelpersonen gedacht, sondern auch für größere Unternehmen, die diese Taktik in einer Vielzahl von Situationen anwenden. Wenn sie verstehen, wie der menschliche Verstand tickt, sind sie in der Lage, die Geheimnisse der dunklen Psychologie anzuzapfen und attraktivere, überzeugendere und scheinbar ehrlichere Organisationen zu schaffen, die versuchen, ein Massenpublikum auf einmal anzusprechen.

Dunkle Psychologie in den Medien

Die Medien sind vielleicht einer der überraschendsten Aspekte für viele Menschen, wenn sie etwas über dunkle Psychologie und ihre Verwendung erfahren. Die Menschen gehen davon aus, dass die Nachrichten und andere Medien die Massen mit Fakten versorgen, anstatt sie zu verdrehen, um einen Kauf, einen Klick oder das Ansehen eines Videos zu erreichen. Denken Sie daran, dass die Medien ein einziges großes Geschäft sind. Alles, was sie interessiert, ist, ihre eigenen Taschen zu füllen - auf Kosten von Ihnen, den Verbrauchern. Sie werden alles tun, um eine fesselnde Geschichte zu erzählen, selbst wenn das bedeutet, dass sie dafür Methoden aus der Psychologie und der dunklen Psychologie anwenden.

Nachrichtensprecher und Reporter nutzen Tricks der Körpersprache, um die Stimmung zu beeinflussen, über die sie gerade berichten. In Zeitungsartikeln werden Worte verwendet, die in Ihnen Gefühle hervorrufen sollen, die Sie beim Lesen beeinflussen können, insbesondere in den Schlagzeilen, um Sie so schnell wie möglich in den Bann zu ziehen und Ihr Interesse so früh wie möglich zu wecken.

Zeitschriften und Zeitungen werden mit Schlagzeilen eingeleitet, die Ihre Aufmerksamkeit schnell und effektiv auf sich ziehen und Sie dazu bringen sollen, einen Spontankauf zu tätigen, wenn das Geschriebene Ihre Aufmerksamkeit erregt.

Letztlich geht es bei allen Aspekten der Medien nur darum, Ihnen etwas zu verkaufen, und sie schrecken nicht davor zurück, hinterhältige Psychologie und Psychospielchen einzusetzen, um das gewünschte Ergebnis zu erzielen. Es gibt einen Grund, warum die Leute immer wieder betonen, dass man niemals dem trauen sollte, was man online liest oder im Fernsehen sieht - es ist, weil die Medien sich nicht um die Zuschauer kümmern, sondern nur sicherstellen, dass sie etwas sehen.

Dunkle Psychologie im Recht

Insbesondere bei Gerichtsverhandlungen setzen Anwälte auf beiden Seiten dunkle Psychologie ein, um den Richter oder die Geschworenen davon zu überzeugen, dass sie das Gesagte glauben. Alles, von der Körpersprache bis hin zu der Art und Weise, wie Fragen beantwortet oder nicht beantwortet werden, hängt von der dunklen Psychologie und den darin verwendeten Methoden ab, um die erforderlichen Ergebnisse zu erzielen.

Denken Sie daran, dass im Strafrecht eine Person nicht angeklagt werden kann, wenn die von der Staatsanwaltschaft vorgelegten Beweise eine Person nicht belasten, es sei denn, die Schlussfolgerung, die die Beweise implizieren, ist über jeden vernünftigen Zweifel erhaben. Aus diesem Grund werden die Verteidiger alle möglichen Ausdrücke verwenden, um Zweifel zu erwecken, die ausreichen, um den Fall abzuweisen. Der Staatsanwalt wird dasselbe tun und versuchen, die Menschen davon zu überzeugen, dass der Angeklagte zweifelsfrei schuldig ist. Dies führt dazu, dass Anwälte mit zwei völlig gegensätzlichen Positionen unglaublich selbstbewusst auftreten.

Dunkle Psychologie in der Politik

In der Politik geht es darum, Menschen zu überzeugen, sich auf die eigene Seite zu stellen. Im Grunde ist das alles, was zählt - genügend Stimmen zu bekommen, um das zu beeinflussen, was in den Augen des Gesetzes akzeptabel ist oder nicht. Die Politiker wissen, dass das Volk letztendlich zumindest ein gewisses Mitspracherecht bei den Vorgängen im Land hat, sei es bei der Wiederwahl von Amtsinhabern oder bei der Abstimmung über eine bestimmte Maßnahme, die zur Abstimmung gestellt wurde. Da Politiker in der Lage sein müssen, die Stimmen zu behalten oder die Stimmen zu bekommen, die sie wollen oder brauchen, nutzen sie oft Prinzipien aus der dunklen Psychologie. Sie wenden die Prinzipien der Überzeugung gegen die Massen an; sie setzen Emotionen ein, um die gewünschten Ergebnisse zu erzielen. Sie verwenden eine Körpersprache, die sie autoritär erscheinen lässt, während sie sprechen, und sagen genau das, was die Menschen hören wollen, mit gerade genug Zweideutigkeit, um sicherzustellen, dass sie am Ende des Tages nicht lügen. Politiker sind die ultimativen Manipulatoren, die in der Lage sind, die Menschen davon zu überzeugen, dass sie glauben, was sie wollen. Es gibt einen Grund dafür, dass diejenigen, die sich mit dieser Materie auskennen, Politiker als unehrlich und als Schlangen bezeichnen: Sie nutzen ihr Wissen über die dunkle Psychologie, um die Menschen so zu manipulieren, dass sie nach ihrer Pfeife tanzen.

Dunkle Psychologie im Verkauf

Diejenigen, die im Vertrieb arbeiten, wissen genau, wie wichtig es ist, Verkäufe abzuschließen - oft besteht der Großteil des Einkommens der Vertriebsmitarbeiter aus Provisionen oder Prämien, die sie nur erhalten, wenn es ihnen gelingt, die dafür notwendigen Verkäufe zu tätigen. Sie sind oft vollständig von diesem Einkommen abhängig, insbesondere in der heutigen Zeit, in der Mindestlöhne nicht ausreichen, um etwas zu verdienen. Aus diesem Grund werden Verkäufer gut darin, Menschen zu lesen und insbesondere die Prinzipien der Überredungskunst zu nutzen, um Menschen dazu zu bringen, etwas zu kaufen, das ihnen nützt und gleichzeitig die Brieftasche des Verkäufers füllt. Sie werden zu Meistern im Lesen von Menschen, indem sie die Körpersprache verstehen, mit NLP-Techniken eine Beziehung aufbauen und die Menschen in ihrer Umgebung zu dem überreden, was für alle am besten ist.

Verkäufer wissen, dass sie überzeugende Beeinflusser sein müssen, um die gewünschten Ergebnisse zu erzielen, und sie schrecken vor dieser Herausforderung nicht zurück. Stattdessen lernen sie, sich die dunkle Psychologie zunutze zu machen, sei es absichtlich oder durch Erfahrung, Versuch und Irrtum, und diese Techniken sind es, die sie letztendlich zu besonders guten Verkäufern machen. Diejenigen, die verstehen, wie die Psyche derer funktioniert, denen sie etwas verkaufen müssen, haben weitaus größere Erfolgsaussichten, wenn sie versuchen, ein Geschäft abzuschließen.

Dunkle Psychologie in der Religion

Überraschenderweise macht sich die Religion einige der Prinzipien der dunklen Psychologie zunutze, nämlich solche, die an Emotionen wie Angst appellieren. Durch intensive emotionale Beeinflussung, die typischerweise an Furcht appelliert, ist die Religion in der Lage, die Menschen bei der Stange zu halten, was letztlich der grundlegende Zweck der Religion während der Evolution der Menschheit war. Die Religion gibt denjenigen, die eine bestimmte Religion praktizieren, ein gemeinsames Ziel, einen Grund, für dasselbe Ziel zusammenzuarbeiten, was sie dazu veranlasst, sich in einer Weise zu verhalten, die für alle viel vorteilhafter ist. Durch diese Art des Strebens nach Gemeinsamkeit werden die Menschen besser darin, zusammenzuleben, einander zu respektieren und einander zu helfen.

Natürlich braucht diese Religion einen Weg, um die Menschen bei der Stange zu halten. Für viele ist es die Androhung eines negativen Ergebnisses, sei es die Ablehnung eines bestimmten Lebens nach dem Tod, die Verweigerung, das Nirwana zu erreichen und als minderwertiges Wesen wiedergeboren zu werden, oder auch nur, nicht plötzlich an Ort und Stelle umgehauen zu werden. Unabhängig vom Grund appelliert jeder dieser Gründe an die Angst. Wenn Menschen Angst haben, sind sie offener für Suggestionen, so dass religiöse Ideale den Menschen in einem beeinflussbaren Zustand aufgedrängt werden können, was die Aufrechterhaltung der Religion als Ganzes ermöglicht.

Dunkle Psychologie in zerstörerischen Sekten

Dies ist ein Beispiel für den heimtückischen Einsatz dunkler Psychologie - Sie haben noch keinen Einblick in die Dunkelheit erhalten, die diese Techniken erzeugen können, und dies ist eine davon. In Sekten, vor allem in den destruktiven, versucht der Gruppenleiter, die Anhänger systematisch einer Gehirnwäsche zu unterziehen, damit sie ihm vollständig gehorchen. Durch eine Reihe von Taktiken der dunklen Psychologie werden die Menschen systematisch isoliert, gebrochen und manchmal sogar an den Rand der Gesellschaft gedrängt, wo sie oft vergessen werden, und es wird ihnen beigebracht, sich so zu verhalten, wie es nur für die Sekte von Vorteil ist. Persönliche Bedürfnisse müssen in diesen Sekten nicht befriedigt werden, und Egoismus wird oft bestraft. Durch das Charisma, mit dem Sektenführer ihre Anhänger anziehen, durch

Verführungstaktiken, Isolation, Gedankenkontrolle, Gehirnwäsche und vieles mehr werden Menschen in gehorsame Roboter verwandelt.

Eines der bekanntesten Beispiele dafür ist die Sekte Peoples Temple of the Disciples of Christ, in der Jim Jones, ein Sektenführer, verschiedene Taktiken der dunklen Psychologie anwandte, um eine Sekte aufzubauen. Am [18.] November 1979 überzeugte er fast 1000 seiner Anhänger, mit Zyanid versetzte Getränke zu trinken, woraufhin sie alle starben. Diejenigen, die nicht zum Trinken überredet wurden, wurden gezwungen, es zu trinken. Das ist zwar ein ziemlich extremes Beispiel, aber auch heute noch gibt es Sekten, die ihre Anhänger absichtlich unterwandern, um die ultimative Kontrolle zu erlangen.

Dunkle Psychologie am Arbeitsplatz

Nicht einmal der Arbeitsplatz ist ein sicherer Ort vor dunkler Psychologie, selbst wenn die Personalabteilung sich bemüht, ihn zu einem solchen zu machen. Am Arbeitsplatz können Führungskräfte und Chefs verschiedene Techniken der dunklen Psychologie anwenden, sei es, um die Mitarbeiter zu überreden oder zu ermutigen, oder um sie einzuschüchtern, damit sie glauben, dass alles verloren ist, wenn sie nicht dem nachgeben, was die Chefs oder Verantwortlichen wollen. Menschen am Arbeitsplatz können mit Entlassung bedroht werden, wenn sie nicht die geforderten Leistungen erbringen, oder sie werden ständig kontrolliert. Dabei können die unterschiedlichsten Techniken zum Einsatz kommen, und das Endergebnis ist entweder, dass der Arbeitnehmer einlenkt oder der Arbeitgeber ihn wegen Nichterfüllung der Normen entlässt. Der Grund dafür ist, dass der Arbeitgeber oder das Unternehmen, das den Arbeitnehmer beschäftigt, sich nicht um den Einzelnen kümmert - stattdessen zählt nur der Gewinn und die Frage, ob das

Unternehmen Geld verdient. Wenn die Person, die für die Arbeit verantwortlich ist, dem Unternehmen kein Geld einbringt, wird sie als Belastung angesehen und wird wahrscheinlich allein aus diesem Grund entlassen. Diese Mitarbeiter sitzen in der Zwickmühle, wenn sie mit dunkler Psychologie am Arbeitsplatz konfrontiert werden, denn sie können sich entweder fügen und unterwerfen oder sich weigern und den Arbeitsplatz verlassen, was nicht immer eine praktikable Option ist.

Jemand, der eine Familie hat oder von seinem Einkommen abhängig ist und von Gehaltsscheck zu Gehaltsscheck lebt, wie fast 80 % der US-Arbeitnehmer, wird nicht in der Lage sein, wegen einer Meinungsverschiedenheit aufzustehen und zu gehen, und das allein kann ausreichen, um sie zu zwingen, die vom Arbeitgeber geforderten Zwangsdrohungen und Erwartungen zu akzeptieren.

BENUTZER DER DUNKLEN PSYCHOLOGIE

Wenn Sie nun wissen, auf welche Weise dunkle Psychologie eingesetzt werden kann, können Sie sich ein Bild davon machen, wie diejenigen aussehen, die dunkle Psychologie anwenden. Auf den ersten Blick mag es nichts Interessantes geben, was den Anwender von einer normalen Person auf der Straße unterscheidet, aber der Anwender der dunklen Psychologie ist viel gefährlicher - er ist in der Lage, das Leben einer Person völlig zu zerstören und alles zu entwurzeln, wenn er den Wunsch danach verspürt.

Obwohl Manipulatoren und Nutzer der dunklen Psychologie aus allen Ecken der Welt, aus allen Kulturen, aus allen Schichten und aus allen Rassen kommen, folgen sie alle sehr ähnlichen, vorhersehbaren Mustern. Sie haben bestimmte Merkmale gemeinsam, die man erkennen kann, wenn man weiß, worauf man achten muss. Diese unterschiedlichen Eigenschaften führen zu gefährlichen Individuen, die zu allem fähig sind. Je nachdem, wie sie ihre Fähigkeiten und ihre Neigung, Menschen auf der Grundlage ihrer Schwächen oder Verwundbarkeiten anzugreifen und zu schikanieren, einsetzen, können diese Menschen entweder unglaublich funktionale, einflussreiche Menschen sein, oder sie können zu den Schlimmsten der Schlimmen werden, im Grunde zu einer Geißel der menschlichen Rasse, die oft mit einem Krebsgeschwür verglichen wird, das besser entfernt werden sollte, als dass man es weiterleben lässt.

Merkmale von Nutzern der dunklen Psychologie

Der Nutzer der dunklen Psychologie folgt in der Regel den unten aufgeführten Merkmalen. Natürlich ist dies keine feste Regel, und einige Benutzer sind weitaus ethischer, aber diejenigen, die besonders gefährlich sind, werden viele dieser Merkmale mit wenig Abweichung befolgen.

Egoistisch

Vielleicht ist einer der treibenden Faktoren für viele der Manipulatoren, denen Sie in Ihrem Leben begegnen werden, die egoistische Natur, die viele von ihnen annehmen. Viele der Manipulatoren, denen Sie begegnen werden, sehen sich selbst als das größte Geschenk der Welt an die Menschheit, auch wenn die große Mehrheit der Menschen wahrscheinlich anderer Meinung ist, wenn sie sie kennenlernen.

Diese dunklen Psychoanalytiker sind, insbesondere wenn sie gefährlich sind, so sehr auf sich selbst und ihre Wünsche und Bedürfnisse konzentriert, dass sie sich kaum um ihre Mitmenschen kümmern. Sie sind bereit, das Wohlergehen einer Person zu opfern, um ihre Bedürfnisse zu befriedigen, weil sie ihre eigenen Bedürfnisse als viel wichtiger ansehen als die Bedürfnisse der Menschen um sie herum.

Fehlendes Einfühlungsvermögen

Einigen Nutzern der dunklen Psychologie, insbesondere denjenigen, die am meisten Schaden anrichten können, fehlt es an Empathie. Sie mögen zwar genau verstehen, was jemand von einem konzeptionellen Standpunkt aus fühlt, und aufgrund ihrer Fähigkeit, die Emotionen und die Körpersprache anderer zu lesen, eine Emotion erkennen, aber sie *fühlen das* Leiden der anderen Person nicht wirklich so, wie es eine empathische Person tun würde. Daraus ergibt sich die nächste Eigenschaft, denn wer sich nicht in seine Mitmenschen einfühlen kann, hat weitaus weniger Anreize, die Schädigung seiner Mitmenschen zu beenden.

Missachtung gesellschaftlicher Konventionen oder Moralvorstellungen

Viele der Nutzer der dunklen Psychologie, die darauf aus sind, andere zu verletzen, um ihren eigenen egoistischen Vorteil zu erlangen, sind völlig losgelöst von gesellschaftlichen Konventionen. Sie scheren sich nicht um Gesetze, Moral oder die Anforderungen der Gesellschaft, da sie all dies nur als gesellschaftliche Konstrukte betrachten, die nur dazu dienen, die Menschen zu kontrollieren. Sie haben das Gefühl, dass es keinen Grund gibt, sie zu kontrollieren, oder es macht ihnen einfach nur Spaß, das Gesetz zu brechen und zu sehen, was passiert, und sie handeln entsprechend. Sie tun, was sie wollen, auch wenn es illegal oder unmoralisch ist. Der Zweck heiligt die Mittel, und solange der Manipulator oder der Anwender der dunklen Psychologie zufrieden ist, ist das alles, was zählt.

Unter dem Titel

Oftmals fühlen sich die Nutzer der dunklen Psychologie sehr berechtigt. Dies ist typischerweise auf ihren eigenen Größenwahn zurückzuführen, der ihnen sagt, wie wichtig sie sind, ihr Ego nährt und es unverhältnismäßig aufbläht. Aufgrund ihres aufgeblähten Egos glauben sie, dass sie Anspruch auf praktisch alles haben, nur weil sie darum bitten. Wenn jemand nicht sofort einwilligt, wird diese Person als Bedrohung angesehen, und sie wird plötzlich zum Ziel eines Angriffs. Der Benutzer wird alles in seinem Arsenal einsetzen, um die Person dazu zu bringen, ihm das zu geben, was er erwartet hat, weil es ihm zusteht, selbst wenn das bedeutet, dass er die andere Person zwingen und zum Gehorsam zwingen muss.

Sadistisch

Denken Sie daran, dass die meisten Menschen mit dunklen Persönlichkeiten, die sich auch dunkler Psychologie bedienen, im

Grunde Raubtiere sind. Sie leben von der Jagd und dem Sieg über ihre Beute. Sie schwelgen in dem, was sie tun, und genießen es, die Menschen in ihrer Umgebung zu verletzen, vor allem, wenn sie dies tun, weil die andere Person nicht das getan hat, was sie von ihr erwartet haben, und sie sehen es als eine Art Wiedergutmachung für den Ungehorsam, der in erster Linie gezeigt wurde.

Egoistisch

Manipulatoren und andere Menschen, die die dunkle Psychologie nutzen, sehen in anderen Menschen nichts weiter als ein Sprungbrett, um so schnell und effizient wie möglich von Punkt A nach Punkt B zu gelangen. Sie kümmern sich nicht um die Interessen von irgendetwas oder irgendjemand anderem, solange ihre eigenen Wünsche und Bedürfnisse erfüllt werden, und sie werden alles tun, um sicherzustellen, dass ihre Bedürfnisse vor denen anderer erfüllt werden. Sie handeln nur so, wie es ihren eigenen Interessen dient.

Impulsiv

Die meisten Menschen, die die dunkle Psychologie nutzen, sind in Wirklichkeit ziemlich impulsiv, auch wenn der Akt der Manipulation anderer Menschen viel Geduld und Planung erfordert. Sie sind impulsiv in dem Sinne, dass sie nach ihren Launen handeln. Sie wollen sicherstellen, dass sie sich amüsieren. Wenn sie also impulsiv beschließen, eine Person, die sie auf einer Party gesehen haben, zu verführen, werden sie das auch tun, mit allen Mitteln.

Bissig

Eine der interessantesten Eigenschaften von Manipulatoren im Allgemeinen ist vielleicht ihre Neigung zur Boshaftigkeit. Sie tun Dinge, nur um diejenigen zu ärgern, von denen sie glauben, dass sie ihnen in der Vergangenheit Unrecht getan haben, selbst wenn ihre boshafte Handlung auch ihnen selbst schaden wird. Sie nehmen den

Schaden, den sie sich selbst zufügen, einfach hin und lassen ihn völlig außer Acht, solange sie damit auch die andere Person verletzen. Eine Person, die das Gefühl hat, dass ihr Ex-Ehepartner ihr Unrecht getan hat, kann zum Beispiel beschließen, plötzlich auf alles zu klagen: das gesamte Sorgerecht, den Unterhalt für die Kinder und die Entscheidungsbefugnis, nur um die andere Person zu ärgern.

Sie war vielleicht der am wenigsten engagierte Elternteil aller Zeiten und ist weiterhin völlig desinteressiert an der Kindererziehung, aber solange die andere Person verletzt ist, spielt es keine Rolle, wie unglücklich die Person mit der neu entdeckten Verantwortung für die Kinder ist.

Die dunkle Triade

Die vielleicht bekanntesten Merkmale derjenigen, die sich der dunklen Psychologie bedienen, sind die als dunkle Triade bekannten Eigenschaften. Dabei handelt es sich um eine besonders heimtückische Gruppe, die sich aus Narzissmus, Machiavellismus und Psychopathie zusammensetzt und ein giftiges Monster schafft, das den Namen Mensch kaum verdient. Dieser Persönlichkeitstypus wird im nächsten Kapitel eingehend behandelt.

Nutzer der dunklen Psychologie

Nachdem Sie nun einige der typischen Merkmale der dunklen Psychologie kennen, können Sie einen Blick auf einige der häufigsten Anwendungen der manipulativen Techniken werfen, die wir in Kürze besprechen werden. Denken Sie daran, dass es sich hierbei um eine Verallgemeinerung handelt und nicht jede Person innerhalb jeder dieser Kategorien sich auf eine Art und Weise verhält, die notwendigerweise schädlich ist, aber es ist wahrscheinlich, dass sie zumindest einige der Konzepte der dunklen Psychologie zu ihrem eigenen Vorteil nutzt.

Vertriebsmitarbeiter

Wie bereits kurz erwähnt, leben Verkäufer davon, andere zu manipulieren oder zu überreden, bei ihnen zu kaufen.

Sie profitieren direkt davon, wenn es ihnen gelingt, jemandem ein besseres Angebot zu machen, und das allein kann oft schon ausreichen, um ihn dazu zu bewegen, selbst wenn er normalerweise der Meinung wäre, dass es falsch wäre, jemanden zu etwas zu drängen oder ihn heimlich zu etwas zu überreden. Verkäufer stehen vor zwei schwierigen Entscheidungen: Entweder sie erbringen keine guten Leistungen und riskieren den Verlust ihres Arbeitsplatzes und ihres Lebensunterhalts, oder sie erbringen so gute Leistungen wie möglich und treffen Entscheidungen, die von ihrem Umfeld weitgehend als unmoralisch angesehen werden.

Wenn der Zweck die Mittel heiligt, bedeutet dies leider, dass man einen Teil seiner moralischen Stärke aufgibt und Dinge tut, von denen man sich wünscht, sie nie tun zu müssen.

Politiker

Auch über Politiker wurde bereits kurz gesprochen - sie sind darauf angewiesen, dass die Menschen überzeugt oder in einigen Fällen manipuliert oder gezwungen werden, das zu tun, was sie wollen. Sie sind darauf angewiesen, dass die Menschen für sie stimmen, wenn sie in Machtpositionen gelangen wollen.

Aus diesem Grund formulieren sie oft zweideutige Dinge, damit die Leute hören, was sie hören wollen, und der Politiker nicht lügen muss, was er gesagt hat. Sie tun alles, was notwendig ist, um die gewünschten Ergebnisse zu erzielen.

Leiter

Wie Politiker müssen auch Führungspersönlichkeiten in der Lage sein, ihr Publikum zu fesseln und es zu überzeugen, zu gehorchen oder das Geforderte zu tun. Im Gegensatz zu Politikern legen gute Führungspersönlichkeiten jedoch Wert auf ethische Überzeugungsarbeit, indem sie immer versuchen, eine Gegenleistung zu erbringen oder sicherzustellen, dass die Bedürfnisse aller Beteiligten berücksichtigt werden. Sie wissen, dass ihr Machterhalt davon abhängt, dass die Menschen sie mögen, und sie versuchen, dies zu erreichen.

Missbraucher

Das ist vielleicht das, was Sie bis jetzt in diesem Buch gelesen haben, um zu den Tätern zu gelangen. Missbrauchstäter lieben dunkle Psychologie. Sie gibt ihnen völlige Kontrolle über ihr Ziel, und diese völlige Kontrolle ist absolut *berauschend.* Sie blühen förmlich auf, wenn sie ihre Zielpersonen einfach nur aus Spaß an der Sache manipulieren können, ohne dass es dafür einen wirklichen Grund gibt. Dies geschieht aus keinem anderen Grund als dem des persönlichen Vergnügens, und es ist oft ziemlich heimtückisch.

DIE DUNKLE TRIADE

Häufig fallen Missbrauchstäter in diese Kategorie - die dunkle Triade. Diese drei gefürchteten Persönlichkeitstypen bilden zusammen einen menschlichen Sturm, der das Leben der Betroffenen so stark zerstören kann, dass sie ohne intensive professionelle Hilfe kaum eine Chance haben, es wieder zusammenzusetzen. Diese Persönlichkeitstypen sind dunkel - sie kümmern sich nicht um die Menschen und verkörpern alles Falsche und Giftige an der Menschheit. Sie sind oft Monster in menschlicher Haut, die in die Welt hinausstarren und versuchen, so schnell wie möglich so viel Schaden wie möglich anzurichten. Diese drei Eigenschaften - Machiavellismus, Narzissmus und Psychopathie - sind für sich genommen schon gefährlich genug, aber wenn Sie auf eine Person treffen, die sie alle in sich vereint, seien Sie vorgewarnt - Sie sollten besser gehen, solange Sie noch können, und dem ganzen Unsinn so schnell wie möglich entkommen.

Machiavellismus

Wenn man den Machiavellismus auf einen möglichst kurzen Satz reduzieren müsste, dann wäre es einer, den Sie schon mehrmals in diesem Buch gelesen haben: "Der Zweck heiligt die Mittel". Dieser Satz wurde zwar nie direkt von Niccolo Machiavelli, einem italienischen Politiker und Philosophen aus dem Jahr 1500, formuliert, stammt aber aus dem Text, den er 1513 in *Der Fürst* schrieb - er informierte den Prinzen, der in dem Dokument angewiesen wurde, sich auf eine Weise zu präsentieren, die ehrlich und wohlwollend ist, obwohl er bereit war, sich so hart wie nötig zu verhalten, weil jeder eine Person sehen kann, aber nur sehr wenige Menschen jemals nahe genug herankommen, um die Wahrheit zu erkennen. Die Botschaft lässt sich im Wesentlichen so zusammenfassen, dass der Zweck die Mittel heiligt, d. h., dass es akzeptabel war zu lügen, weil der Prinz dadurch beliebter wurde, und ein beliebter Anführer ist viel wahrscheinlicher ein erfolgreicher Anführer, der in der Lage ist, seine Macht zu erhalten.

Ausgehend von diesem Prinzip sind machiavellistische Menschen geschickt darin, so zu erscheinen, wie die Menschen um sie herum sie sehen wollen. Sie werden auf jeden Fall das sagen, was ihr Umfeld hören will, weil sie wissen, dass es unwahrscheinlich ist, dass ihr Umfeld jemals die Wahrheit erfährt, und wenn sie ihnen sagen, was sie hören wollen, sind sie glücklicher und der Machiavellist bekommt, was er will. Der Zweck, also das Erreichen des gewünschten Ergebnisses, rechtfertigt die Mittel der Lüge, auch wenn Lügen normalerweise als moralisch falsch und verwerflich angesehen werden.

Dieser Persönlichkeitstyp ist ziemlich heimtückisch - man weiß nie, ob das, was man sieht, auch das ist, was man tatsächlich bekommt. Der Machiavellist ist hinterlistig und ein Meister darin, seine Mitmenschen zu täuschen. Sie sagen nur dann die Wahrheit, wenn es für sie von Vorteil ist oder das gewünschte Ergebnis bringt, was meistens nicht der Fall ist. Sie gehen davon aus, dass es wichtiger ist, begehrenswert zu erscheinen und gute Beziehungen zu knüpfen, als tatsächlich richtige Beziehungen zu Menschen zu entwickeln, aber wenn man Menschen nur als Mittel zum Zweck sieht, wird man wahrscheinlich nie eine Beziehung zu anderen aufbauen wollen. Wenn Menschen nur noch Mittel zum Zweck sind, wurden sie entmenschlicht und zu bloßen Werkzeugen gemacht, die man benutzt, um das zu bekommen, was man will, und zwar auf jede erdenkliche Art und Weise, einfach weil man dieses Ergebnis will. Letztendlich werden Sie trotz der Unmoral des Verhaltens alles tun, was Sie tun müssen, um das gewünschte Ergebnis zu erzielen, einfach weil es Ihnen das bringt, was Sie wollen, und das ist alles, was Sie am Ende des Tages wirklich interessiert.

Diesen Menschen sollte man nie trauen - sie haben immer einen Hintergedanken, egal wie wahrheitsgetreu sie im Moment erscheinen mögen. Es gibt immer einen Grund, der sie zu einem bestimmten Verhalten veranlasst - ob dieser Grund unschuldig ist oder nicht, steht zur Debatte. Es ist besser, diese Person zu meiden und ihr nicht zu vertrauen, wann immer es möglich ist.

Narzissmus

Der nächste der dunklen Triade ist der Narzisst. Personen mit Narzissmus leiden an einer narzisstischen Persönlichkeitsstörung. Diese ist dadurch gekennzeichnet, dass eine Person ein grandioses Selbstverständnis hat, d. h. sie ist sehr egoistisch und glaubt, dass sie weitaus überlegener ist, als sie es tatsächlich ist, ein durchgängiger Mangel an Empathie und ein übermäßiges Bedürfnis nach Bewunderung und Aufmerksamkeit.

Der Narzisst lebt davon, dass er sein Selbstwertgefühl durch Handlungen wie Lob oder Bewunderung bestätigt bekommt - er sieht sich nur dann als wertvoll an, wenn andere um ihn herum ihn zuerst als wertvoll ansehen. Sie wollen als würdig anerkannt werden und werden alles tun, um dies zu erreichen. Das bedeutet, dass Narzissten oft bereit sind, darüber zu lügen, wer sie sind oder was sie mögen - sie haben kein wahres Selbstverständnis, das über das einer Person hinausgeht, die verzweifelt die Anerkennung und Bewunderung anderer sucht, koste es, was es wolle, und die bereit ist, alles zu tun, um sie zu bekommen, selbst wenn das bedeutet, über sich selbst zu lügen.

Der Narzisst erschafft in der Regel eine Art Alter Ego, eine Persona, die er der Welt präsentiert und die alles ist, was er gerne wäre - charismatisch, mächtig, einflussreich und beliebt. Dann wendet er verschiedene dunkle psychologische Manipulationstechniken an, um die Menschen in den Bann zu ziehen, den er zu schaffen versucht. Er erschafft ein Ich-Gefühl und spielt dann ständig Psychospielchen und manipuliert die Menschen um ihn herum. Nur diejenigen, die nah genug an ihn herankommen, um sich in seinem Netz aus Lügen zu verfangen, aus dem es kein Entrinnen gibt, sehen sein wahres Ich - das bösartige Individuum, das sich hinter der Fassade verbirgt und auf die erstbeste Gelegenheit wartet, sich an den Menschen um ihn herum zu vergreifen.

Nachdem er ein Opfer in seine Falle gelockt hat, manipuliert er es systematisch und konditioniert es dazu, alles zu tun, was der Narzisst wünscht. Mit der Zeit gelingt es ihm, sein Opfer zur perfekten Quelle ständiger Bewunderung zu formen; etwas, das als sein narzisstischer Vorrat bezeichnet wird. Er wird dann ständig Manipulations- und Gedankenkontrolltechniken anwenden, um sein neues Spielzeug so lange wie möglich unter seiner Fuchtel zu halten, und versuchen, sein Opfer mit allen Mitteln systematisch zu zermürben.

Psychopathie

Psychopathen leiden unter einer Persönlichkeitsstörung, die sich häufig durch eine Reihe von anhaltenden antisozialen Handlungen auszeichnet.

Es fehlt ihnen fast immer an echtem Einfühlungsvermögen - der angeborenen menschlichen Fähigkeit, sich mit anderen auf einer sinnvollen Ebene emotional zu verbinden. Dieser Mangel an Einfühlungsvermögen macht sie unglaublich gefährlich. Ohne Empathie, eine Art eingebautes Warnsystem, das uns erkennen lässt, wenn mit den Menschen um uns herum etwas nicht stimmt, insbesondere in Bezug auf unser eigenes Verhalten gegenüber anderen, hat der Psychopath keine wirkliche Sicherheit für sein Verhalten - er wird immer weiter drängen und drängen, selbst mit den aggressivsten Verhaltensweisen, einfach weil er kein Bedürfnis verspürt, aufzuhören. Für diejenigen, die Empathie empfinden, ist der Schmerz, den sie selbst empfinden, wenn sie jemand anderem Schaden zufügen, in der Regel ausreichend, um sie zum Aufhören zu bewegen. Der Schmerz und die Schuldgefühle werden überwältigend, und sie hören auf, bevor sie es noch schlimmer machen. Psychopathen spüren das jedoch nicht.

Abgesehen vom Mangel an Empathie und damit an Reue zeigen Psychopathen in der Regel auch enthemmte Verhaltensweisen - einfacher gesagt, sie sind impulsiv. Ihnen kommt ein Gedanke mit einem zufälligen Impuls in den Sinn, z. B. jemandem die Handtasche zu stehlen oder eine andere Person zu verletzen, und sie handeln mit weitaus größerer Wahrscheinlichkeit danach, einfach weil sie gerne ihren Impulsen nachgehen.

Psychopathen sind häufig auch mutig - sie fürchten sich nicht wirklich vor irgendetwas, mit dem sie konfrontiert werden. Konsequenzen sind nicht einschüchternd. Menschen sind nicht furchteinflößend. Selbst zu sterben oder verletzt zu werden, ist für den Psychopathen nicht einschüchternd.

Der Psychopath ist unglaublich gefahrentolerant und wird häufig mit einem hohen Maß an Selbstvertrauen und Durchsetzungsvermögen wahrgenommen, obwohl er wahrscheinlich nichts Sinnvolles mit diesem Selbstvertrauen anfangen möchte - er sieht keinen Sinn darin, sich auf soziale Konventionen einzulassen.

Die dunkle Triade

Nachdem diese drei Persönlichkeitstypen nun auf leicht verständliche Weise beschrieben wurden, fragen Sie sich vielleicht, was passiert, wenn die drei Typen kombiniert werden. Das Ergebnis ist ein aggressives, giftiges Individuum, das nicht daran interessiert ist, sich normal zu verhalten.

Sie sind fantastische Ausbeuter, denen das nötige Einfühlungsvermögen fehlt, um solch negatives, schädliches Verhalten zu unterbinden, und die über das richtige Maß an mangelnder Impulskontrolle verfügen, um es zu fördern. Sie manipulieren, sie verletzen, sie stehlen und sie lügen. Sie sind gefühllos, d. h., sie kümmern sich nicht um die Gefühle anderer und freuen sich sogar darüber, wenn andere verletzt, wütend oder traurig sind. Untersuchungen haben gezeigt, dass Menschen mit dem Persönlichkeitstyp der dunklen Triade es genießen, Menschen mit negativen Gesichtsausdrücken zu sehen.

Letztlich sind diejenigen, die die dunkle Triade besitzen, keine Kräfte, mit denen man rechnen muss - sie werden alles tun, was Ihnen schadet, wenn Sie ihnen Unrecht tun, und sie scheren sich nicht genug um gesellschaftliche Konventionen, um sich davon abhalten zu lassen, Ihnen ernsthaft zu schaden.

MIKROAUSDRÜCKE UND KÖRPERSPRACHE LESEN

Nachdem wir die Details über die dunkle Psychologie, die Manipulatoren und die dunkle Triade geklärt haben, ist es an der Zeit, sich einigen Fähigkeiten zuzuwenden, die Sie später nutzen können. Die erste und wichtigste Fähigkeit, auf die sich alles stützen wird, ist die Fähigkeit, die Gefühle und das allgemeine Wohlbefinden der Menschen um dich herum zu lesen und zu erkennen. In diesem Kapitel erhalten Sie einen Crash-Kurs im Erkennen der Körpersprache anderer. Es ist eine Menge an Informationen auf einmal, also scheuen Sie sich nicht, diesen Abschnitt in kleineren Häppchen zu nehmen, an kleinen Mengen der Körpersprache auf einmal zu arbeiten und die Identifizierung dieser speziellen Sprache zu meistern, bevor Sie zu mehr übergehen.

Ausdrücke

Die Körpersprache ist erstaunlich universell - während verschiedene Kulturen ihre eigenen Gesten und Interpretationen von Gesten haben, gibt es mehrere Arten von Körpersprache, die über Kulturen und Ozeane hinweg das Gleiche bedeuten. Dies mag zum Teil darauf zurückzuführen sein, dass der Mensch sieben Grundemotionen hat, die vermutlich die Wurzel aller Gefühle sind, die man empfinden kann. Diese sieben Emotionen sind vielleicht die vereinfachtesten Versionen dessen, was gefühlt wird, wobei jede von ihnen ein breites Spektrum an verschiedenen Emotionen umfasst, die von Menschen empfunden werden können. Für jede der hier aufgeführten Emotionen werden die dazugehörigen Gesichtsausdrücke beschrieben. Im nächsten Abschnitt werden dann genauere Einzelheiten darüber erörtert, was bestimmte Haltungen bedeuten können.

Glück

Glück ist oft an zwei Merkmalen im Gesicht zu erkennen - die Augen sollten gefaltet sein, mit einer Falte in den Augenwinkeln, die sich kaum vortäuschen lässt, und ein Lächeln, entweder breit oder schmal.

Traurigkeit

Traurigkeit zeichnet sich dadurch aus, dass die Augenbrauen zusammengezogen werden. Sie werden zusammengezogen, wobei sich die innersten Winkel nach oben verschieben und dazwischen Falten bilden. Neben diesen ausgeprägten Augenbrauen, die sich ohne echtes Gefühl nur sehr schwer nachbilden lassen, ist oft auch der Mund zu einem Stirnrunzeln nach unten gezogen und die Unterlippe nach außen gebogen.

Furcht/Angst

Als Reaktion auf Angst oder Furcht ziehen Menschen typischerweise ihre Augenbrauen hoch, wobei der Bogen relativ gerade ist. Auch auf der Stirn zeigen sich Falten zwischen den Brauen.

Die Augen sind in der Regel geweitet, wobei das Weiße der Augen über der Iris sichtbar ist, und auch die Pupillen sind in der Regel geweitet. Diese Pupillenerweiterung kann nicht nachgeahmt werden, da sie völlig unbewusst erfolgt. Oft ist auch der Mund geöffnet, die Lippen sind leicht gespalten und angespannt.

Verachtung

Bei Verachtung ist der Gesichtsausdruck eigentlich fast völlig neutral. Die einzige Ausnahme ist ein leichtes Anheben eines Mundwinkels für einen Moment während eines strengen Blicks, als ob ein Grinsen aufblitzen würde.

Ekel

Wenn sich jemand ekelt, schaut er mit gesenkten Brauen und zusammengekniffenen Augenlidern darauf. Normalerweise rümpft sich die Nase nach hinten, wobei die Nasenlöcher aufgeweitet sind, und die Oberlippe hebt sich, wobei die Zähne aufblitzen.

Dadurch werden die empfindlichen Teile des Körpers abgeschirmt - Augen und Nase werden vor dem Ekelhaften geschützt, das eine so starke Reaktion hervorgerufen hat.

Wut

Typisch für Wut sind gesenkte Augenbrauen, die die Augen verdecken, wobei die Brauen in der Mitte zusammenlaufen und eine faltige Stirn bilden. Die Augen starren in der Regel ohne zu blinzeln mit einem harten, feindseligen Blick, und die Lippen sind angespannt.

Überraschung

Überraschung zeigt sich in der Regel durch hochgezogene Augenbrauen, deren Bogen schön abgerundet ist. Der obere Teil der Stirn ist in der Regel ebenfalls faltig, und die Augen sind weit geöffnet, wobei das Weiße um die gesamte Iris herum sichtbar ist. Der Mund kann auch lose offen hängen.

Körpersprache im Gesicht

Neben diesen häufigsten Gefühlsausdrücken ist es wichtig zu verstehen, ob einzelne Bewegungen des Gesichts gut oder schlecht sind und was sie bedeuten. Schauen Sie sich die Augenbrauen, die Augen und den Mund an und lernen Sie die aufschlussreichsten Positionen und Bewegungen, die sie unbewusst einnehmen. Bedenken Sie jedoch, dass Menschen ihr Gesicht oft kontrollieren, wenn sie versuchen, eine Täuschung zu verbergen. Es ist nicht immer die zuverlässigste Quelle für Ausdrücke oder Ehrlichkeit, obwohl es nützlich sein kann.

Augenbrauen

***Senken der Augenbrauen*:** Wenn man jemandem mit gesenkten Augenbrauen begegnet, zeigt er damit oft, dass er sich mehr als alles andere wünscht, dass nicht an dem Geschehen beteiligt ist. Ob wütend, in einer Konfrontation feststeckend oder angewidert, die Konnotation ist fast immer negativ. Es ist auch ein verräterisches Zeichen für Täuschung, besonders wenn die Person ihren Kopf in Verbindung mit gesenkten Augenbrauen senkt.

***Hochziehen der Augenbrauen*: Das** Hochziehen der Augenbrauen hingegen zeigt eine erhöhte Aufmerksamkeit oder eine Art Betonung an. Es zeigt sich, wenn man überrascht ist, wenn etwas plötzlich und unerwartet die Aufmerksamkeit auf sich zieht, und es kann auch bei Menschen beobachtet werden, die ihre Anziehungskraft auf jemand anderen ausüben.

***Eine hochgezogene Augenbraue*:** Eine hochgezogene Augenbraue zeigt in der Regel Ungläubigkeit oder Zweifel an dem, was gerade gesagt wurde. Es bedeutet fast immer, dass man nicht glaubt, was gerade gesagt wurde, oder dass jemand anderer Meinung ist als man selbst. Ein kurzes Zucken einer Augenbraue kann manchmal auch als Verachtung verstanden werden.

***Zusammenziehen der Brauen*:** Wenn die Augenbrauen zusammenkommen, bilden sie auch Falten zwischen ihnen. Dies kann bei negativen, gestressten Emotionen wie Traurigkeit, Sorgen und Verwirrung beobachtet werden.

***Absenken der Mitte der Augenbrauen*:** Wenn die Mitte der Augenbrauen gesenkt wird und eher eine gerade Linie als ein echter Bogen entsteht, deutet dies in der Regel auf Frustration oder Ärger hin.

Anheben der Mitte der Augenbrauen: Wenn die Mitte der Augenbrauen hochgezogen wird, zeigt dies in der Regel entweder Überraschung, Angst oder sogar Erleichterung.

Da einige der Bedeutungen dieses Ausdrucks widersprüchlich sind, sollten Sie ihn auch in Verbindung mit anderen körpersprachlichen Äußerungen betrachten, um sich der Bedeutung sicher zu sein.

Augen

Die Augen können mehr mitteilen, als man vermuten würde - schließlich rollen sie nur herum, um den Blick zu lenken, oder?

Falsch. Die Pupillen können sich erweitern und verengen, und sogar die Häufigkeit des Blinzelns kann Aufschluss darüber geben, was in einem bestimmten Moment in Ihrem Kopf vorgeht.

Richtung des Blicks: Interessanterweise kann sogar die Richtung, in die Sie schauen, Aufschluss darüber geben, was in Ihrem Kopf vor sich geht. Wenn Sie jemanden oder etwas anschauen, dann deshalb, weil Sie daran interessiert sind. Vor allem, wenn Sie bemerken, dass der Blick einer Person immer wieder zu derselben Sache zurückkehrt, ist das ein wahrscheinliches Zeichen dafür, dass sie sich für etwas interessiert, das nicht Sie oder Ihr Gespräch ist. Wenn die Person beispielsweise ständig zu einer anderen Person schaut, bedeutet das, dass sie lieber mit dieser Person sprechen möchte, oder wenn sie ein Getränk ansieht, bedeutet das, dass sie es haben möchte. Das kann sogar noch einen Schritt weiter gehen - die Richtung, in die sich Ihre Augen wenden, wenn Sie eine Frage stellen, während Sie nachdenken, kann ebenfalls Aufschluss darüber geben, ob Sie wahrheitsgemäß sind. Wenn Sie nach links schauen, nutzen Sie die Teile Ihres Gehirns, die Erinnerungen wachrufen. Wenn Sie nach rechts schauen, nutzen Sie den Teil Ihres Gehirns, der für die

Schöpfung und Fiktion zuständig ist, was bedeutet, dass Sie Lügen erfinden. Wenn Sie jedoch nach unten schauen, wirken Sie schamhaft, und die Menschen nehmen oft an, dass Sie lügen.

***Intensität des Blicks*:** Ist Ihnen schon einmal aufgefallen, dass manche Menschen Sie einfach nur mit einem unerschütterlichen Blick anstarren können, der Ihnen aber unangenehm ist? Oder wie andere sich schwer tun, überhaupt Augenkontakt mit Ihnen herzustellen und stattdessen ständig von Ihnen wegschauen? Die Intensität des Blicks und die Häufigkeit, mit der Sie den Augenkontakt herstellen, verraten, wie wohl Sie sich fühlen. Der natürlichste und angenehmste Augenkontakt, der signalisiert, dass Sie willkommen sind und ermutigt werden, das Gespräch fortzusetzen, beinhaltet gelegentliche Blicke weg von den Augen, die aber nach kurzer Zeit wiederkehren, um den Augenkontakt fortzusetzen.

Zu viel Augenkontakt wirkt aggressiv, konfrontativ und verunsichernd. Zu wenig zeigt Scham, Angst oder Täuschung.

***Häufigkeit des Blinzelns*:** Neben der Intensität Ihres Blicks achten die Menschen auch darauf, wie oft Sie blinzeln, wenn Sie Blickkontakt aufnehmen. Wer beim Augenkontakt nicht blinzelt, wirkt viel aggressiver als jemand, der normal oft blinzelt. Zu häufiges Blinzeln hingegen deutet darauf hin, dass Sie aufgeregt oder gestresst sind.

Anhand der Blinzelgeschwindigkeit können Sie auch erkennen, ob jemand lügt - während des Lügens blinzeln Personen oft überhaupt nicht, während sie eine Lüge erzählen, aber unmittelbar danach blinzeln sie häufiger als gewöhnlich.

Pupillenerweiterung: Die Pupillenerweiterung ist ebenfalls wichtig, auch wenn Sie in den meisten Fällen nicht nah genug dran sind, um die winzigen Veränderungen zu erkennen. Die Pupillenerweiterung lässt sich jedoch nicht vortäuschen und ist daher äußerst zuverlässig.

In der Regel erweitern sich die Pupillen als Reaktion auf etwas Attraktives, etwas Überraschendes, etwas Beängstigendes oder wenn jemand in intensive Gedanken versunken ist - je weiter die Pupille geweitet ist, desto intensiver sind die Gedanken.

Mund

Die Art und Weise, wie sich der Mund bewegt, ob offen oder geschlossen, angespannt oder entspannt, oder sogar, wenn die andere Person ihren Mund berührt, kann mehr über die Geschichte verraten, als es die Worte je könnten.

***Die Lippen sind entspannt*:** Wenn die Lippen entspannt sind, ist die Person in der Regel entspannt. Sie ist wahrscheinlich selbstbewusst, fühlt sich wohl und hat die Situation ohne Sorgen oder Stress unter Kontrolle.

***Die Lippen sind gescheitelt*:** Wenn die Lippen gescheitelt sind, flirtet die Person normalerweise mit der anderen Person. Es wird jedoch auch verwendet, wenn eine Person versucht, die Aufmerksamkeit einer anderen zu erlangen, typischerweise in dem Zusammenhang, dass sie möchte, dass die andere Person aufhört zu reden, damit sie selbst sprechen kann.

***Die Zähne werden gefletscht*:** Wenn jemand die Zähne fletscht, lächelt er entweder, was positiv ist, oder er knurrt, was zeigt, dass die andere Person starke Wut oder Aggression empfindet.

***Zuckende Lippen*:** Das Zucken der Lippen, besonders auf einer Seite, zeigt entweder Verachtung oder den Versuch, die eigenen Gefühle zu verbergen. In der Regel war das Zucken der unkontrollierbare Impuls, etwas zu tun, aber die Person hat diesen Impuls überwunden und nur ein fast unmerkliches Lippenzucken zurückgelassen.

Berühren des Mundes oder Beißen in die Finger: Wenn sich jemand den Mund berührt oder in die Finger beißt, steht er entweder unter Stress und versucht, sich selbst zu beruhigen, oder er versteckt etwas vor Ihnen.

In die Wange oder die Lippe beißen: Ein Biss in die Wange oder die Lippe deutet oft darauf hin, dass die andere Person nervös ist, Angst hat, nicht weiß, wie sie reagieren soll, oder versucht, eine echte Reaktion zurückzuhalten.

Körpersprache

Neben den Gesichtszügen ist auch der Körper selbst sehr ausdrucksstark. Die Art und Weise, wie sich der Körper bewegt, kann Ihnen erstaunlich viele Details darüber verraten, was in der anderen Person vor sich geht, von einem Gefühl des völligen Unbehagens bei einer Interaktion bis hin zu einem Gefühl der Zuversicht, Kontrolle und Macht. Denken Sie daran, dass manche Menschen sich auf unterschiedliche Weise ausdrücken und dass dieser Vorschlag als Leitfaden und nicht als Garantie dafür angesehen werden sollte, dass Sie die Emotionen einer anderen Person erkennen können.

Kopf

Der erste Teil des Körpers, den Sie kennenlernen werden, ist der Kopf. Der Kopf kann, abgesehen von der Mimik und den Gesichtszügen, auf vielfältige Weise bewegt werden, was auch dazu beitragen kann, einen Einblick in die Gedankenwelt eines anderen zu erhalten.

Neigung: Menschen richten ihren Kopf ganz natürlich in Richtung derjenigen, zu denen sie eine Beziehung oder Verbindung haben. Selbst wenn diese Person in einer Gruppe nicht unbedingt spricht, neigen Menschen unbewusst ihren Kopf in Richtung des

Gruppenleiters. Er kann sich auch zu jemandem neigen, mit dem er sich verbunden fühlt. Umgekehrt bedeutet das Neigen des Kopfes nach hinten, weg von jemandem, Misstrauen, Argwohn oder allgemeine Unsicherheit. Wenn man den Kopf zur Seite neigt, ermutigt man die andere Person, weiter zu sprechen.

***Nicken*:** Wenn jemand nickt, ist dies in der Regel ein Zeichen der Bestätigung, der Zustimmung oder der Bestätigung, dass die Person zuhört. Wenn jemand schneller nickt, bedeutet das, dass er ungeduldig wird und sich zurückziehen möchte, sich aber zu höflich dazu fühlt. Wenn das Nicken langsamer und nachdenklicher ist, bedeutet dies, dass die andere Person immer noch aktiv zuhört und sich auf das Gespräch einlässt.

***Achten Sie auf das Kinn*:** Das Kinn kann, wie die Neigung des Kopfes, viel verraten. Wenn das Kinn nach oben gereckt ist, ist der Hals entblößt. Das ist ein Zeichen von Arroganz - es fordert die andere Person geradezu heraus, zu versuchen, sie zu berühren oder zu verletzen. Wenn das Kinn nach unten geneigt ist, und den Nacken abschirmt, zeigt es hingegen ein gewisses Maß an Unsicherheit.

Arme/Schultern

Auch die Art, wie die Arme gehalten werden, kann sehr aufschlussreich sein. Werfen Sie einen Blick auf einige der häufigsten Arten, wie die Arme gehalten werden und was sie bedeuten:

***Nach hinten gezogene Arme*:** Wenn die Arme nach hinten gezogen werden, liegt das in der Regel daran, dass sich die Person unwohl fühlt oder sich verteidigen will. Indem sie die Arme nach hinten ziehen, können sie ihre Arme weniger zum Greifen bereitstellen - da sich die Schultern wegbewegen, sind sie bei einem Angriff weniger leicht verfügbar.

***Arme gestreckt*:** Die Arme können nach außen gestreckt werden, an den Schultern entspannt und natürlich hängen gelassen werden. Dies ist ein Zeichen der Offenheit und des Komforts und bedeutet, dass die andere Person mit dem, was gerade passiert, zufrieden ist.

***Nach innen gezogene Arme*:** Im Gegensatz zur Ausbreitung der Arme wird die Person, wenn sie die Arme nach innen zieht, so gesehen, als würde sie sich selbst kleiner machen und daher weniger ein Ziel sein. Das deutet auf Unsicherheit oder Unbehagen hin.

***Völlig ruhige Arme*:** Wenn die Arme völlig ruhig an den Seiten liegen, sehen sie in der Regel ziemlich unnatürlich aus, und das aus gutem Grund - normalerweise versucht die andere Person, ihre Arme zu kontrollieren, um keine Körpersprache zu zeigen, die später ausgenutzt werden könnte. Dies kann sogar noch einen Schritt weiter gehen, indem ein Arm den Körper kreuzt, so dass eine Hand den anderen Arm festhalten kann, als ob sie ihn physisch festhalten würde. Dies ist auch ein Zeichen dafür, dass man lügt, da man sich buchstäblich selbst zurückhält.

***Verschränkte Arme*:** Verschränkte Arme werden oft als die ultimative Form der Verteidigung angesehen - normalerweise fühlt sich die Person unglaublich unwohl bei dem, was passiert, und schirmt buchstäblich seine verletzliche Brust ab, um die lebenswichtigen Organe in seinem Brustkorb vor Angriffen zu schützen.

***Nach oben gehobene Arme*:** Manchmal werden die Arme nach oben geworfen, über die Schulterlinie. In der Regel geschieht dies in einer Art Betonung - entweder in Freude, Überraschung oder sogar Verwirrung.

Hände

Wie die Arme sind auch die Hände unglaublich ausdrucksstark. Da sie auf so viele verschiedene Arten bewegt werden können, lassen sich mit ihnen eine Vielzahl unterschiedlicher Gefühle und

Geisteszustände darstellen.

Hände in die Hüften: Die Hände auf den Hüften wirken oft aggressiv oder einschüchternd, aber eigentlich ist es eine Machtpose - sie vermittelt Selbstvertrauen und impliziert die Bereitschaft zu handeln.

Handflächen nach oben: Wenn die Handflächen nach oben gerichtet sind, bedeutet dies in der Regel, dass jemand versucht, als vertrauenswürdig angesehen zu werden, dass es sich lohnt, ihm zuzuhören, und dass er ernsthaft spricht.

Handflächen nach unten: Wenn die Handflächen jedoch nach unten zeigen, vermittelt dies Dominanz und Kontrolle - dies ist häufig in der Politik zu beobachten. Menschen oder Führungspersönlichkeiten strecken ihre Hände nach außen, um zu signalisieren, dass sie die Kontrolle über die Situation haben. Sie können ihre Worte auch mit ein paar abschneidenden Bewegungen nach unten unterstreichen, um den Punkt, den sie zu vermitteln versuchen, zu unterstreichen.

Hände hinter dem Rücken: Die Hände hinter dem Rücken können auf verschiedene Weise zusammengelegt werden - die Hände können entspannt sein, wobei eine Hand in der Handfläche der anderen ruht, oder eine Hand hält sich am Handgelenk oder Arm der anderen fest. Wenn die Hände beieinander liegen, impliziert dies Dominanz, Kontrolle und Autorität. Sie ist ruhig und gelassen. Wenn die Hand die andere Hand ergreift, bedeutet dies, dass die andere Person versucht, sich selbst zu kontrollieren. Je höher die Handgriffe, desto mehr fühlt sich die Person in diesem Moment außer Kontrolle.

Hände in den Taschen: Oftmals wird dies als Täuschung angesehen oder vielleicht auch aus Angst getan.

Steepling: Beim Steepling sind die Handflächen einander zugewandt, berühren sich aber nicht, und die Fingerspitzen beider

Hände liegen aneinander. Wenn dies geschieht, zeigt die andere Person, dass sie selbstbewusst ist, die Kontrolle hat und stark ist.

***Geballte Fäuste*:** Wenn die Fäuste geballt sind, versucht die andere Person in der Regel, die Kontrolle über sich selbst auszuüben - sie fühlt sich vielleicht gestresst oder hat die Kontrolle verloren und versucht, sie wiederzuerlangen. Es kann sich auch um extreme Wut, Frustration oder Aggression handeln.

***Hände aneinander reiben*:** Wenn eine Person ihre Hände aneinander reibt, bedeutet dies, dass sie etwas erwartet und sich auf das freut, was als Nächstes kommt.

***Vorstehen*:** Das Zeigen wird oft als sehr aggressiv und dominant empfunden, ähnlich wie ein Elternteil, das seine Kinder schimpft. Es kann dadurch verstärkt werden, dass jemand das Zeigen in einen Schlag verwandelt.

***Hände auf dem Herzen*:** Wenn jemand die Hand oder die Hände auf das Herz legt, versucht er in der Regel zu zeigen, dass er aus dem Herzen spricht. Natürlich ist dies unglaublich leicht zu fälschen, also denken Sie daran, dass die andere Person vielleicht nicht so ehrlich ist, wie sie versucht, zu suggerieren.

***Mit den Fingern klopfen*:** Wenn die Person mit den Fingern auf den Arm, den Schreibtisch oder eine andere Oberfläche tippt, versucht die andere Person zu signalisieren, dass sie ungeduldig ist und möchte, dass das Gespräch oder die Interaktion so schnell wie möglich beendet wird.

Beine/Füße

Der letzte Teil des Körpers, den Sie betrachten werden, sind die Beine und die dazugehörigen Füße. Diese Körperteile werden in der Regel von denjenigen vergessen, die versuchen, ihre Körpersprache zu verschleiern, und deshalb sind sie eine gute Grundlage, um wahre Absichten zu erkennen. Der Mund mag lügen, aber die Füße sagen die Wahrheit.

Wenn Sie das nächste Mal mit jemandem sprechen und sich nicht sicher sind, was die andere Person gerade denkt, versuchen Sie, auf ihre Füße zu schauen - Sie werden wahrscheinlich einige wertvolle Informationen erhalten.

***Gekreuzte Beine*:** Dies kann ein Zeichen von Dominanz sein, solange man dabei den Knöchel über das Knie legt. Natürlich ist das vor allem eine männliche Position. Wenn die Beine über den Knien gekreuzt werden, vor allem bei Frauen, ist das ein Zeichen für Flirten. Wenn die Beine an den Knöcheln gekreuzt werden, zeigt das, dass Sie ängstlich, verunsichert oder unsicher sind.

***Sitzen mit gespreizten Beinen*:** Dies zeigt, dass Sie einen Bereich als Ihren eigenen markieren - Sie zeigen, dass Sie diesen Bereich beherrschen und keine Angst haben, mit jemandem darum zu kämpfen.

***Die Füße zeigen in Richtung des Sprechers*:** Wenn die Füße in Richtung des Sprechers zeigen, ist das ein gutes Zeichen dafür, dass die Zuhörer sehr an dem Gespräch beteiligt sind. Vielleicht sind sie an der Person des Sprechers oder an dem, was gesagt wird, interessiert. Unabhängig davon ist dies ein gutes Zeichen, und das Gespräch kann fortgesetzt werden.

***Die Füße zeigen vom Sprecher weg*:** Wenn Sie bemerken, dass die andere Person mit den Füßen wegzeigt, ist die Wahrscheinlichkeit hoch, dass die andere Person sich vom Sprecher abwendet. Möglicherweise ist sie eher an etwas anderem interessiert, z. B. daran, das Gespräch zu verlassen oder mit jemand anderem zu sprechen. Achten Sie darauf, wohin die Füße der Person zeigen, wenn Sie verstehen wollen, was sie in diesem Moment will.

***Nach oben gerichtete Zehen*:** Wenn die Zehen nach oben zeigen, als ob die Person ihre Haltung leicht verändert hat, so dass die Ferse zurückgerollt ist und die Zehen nach oben zeigen, ist die Person wahrscheinlich entspannt und genießt jede Interaktion, die in diesem Moment stattfindet. Achten Sie darauf, ob die Person auch andere Anzeichen von Entspannung zeigt - Sie werden wahrscheinlich ein Lächeln und entspannte Arme finden.

Mit den Füßen hüpfen: Ähnlich wie ein Kind, das vor Freude oder Aufregung buchstäblich in die Luft springt, wippen auch Erwachsene ein wenig - normalerweise halten sie dieses Verhalten zurück, um nicht als kindisch angesehen zu werden, aber man kann eine Veränderung in ihren Füßen feststellen.

***Mit den Füßen wippen*:** Wenn die andere Person mit den Füßen wippt, aber keine Musik läuft, ist sie wahrscheinlich nicht an dem interessiert, was geschieht. Es kann ein Zeichen von Angst, Ungeduld oder Desinteresse sein und der Wunsch, das Gespräch zu verlassen.

Proxemik

Proxemik mag zwar einen ausgefallenen Namen haben, ist aber eigentlich ganz einfach. Sie bezieht sich auf den Abstand zwischen Ihnen und einer anderen Person. Sie ist auch unglaublich aufschlussreich in Bezug auf die Beziehung oder das Verhältnis zwischen den beiden Personen, die Sie beobachten.

Schließen Sie

Wenn zwei Menschen nahe beieinander sitzen oder stehen, bedeutet das in der Regel, dass sie eine gute Beziehung haben. Je näher die beiden einander körperlich sind, desto intimer oder enger ist die

Beziehung. Wenn Sie z. B. ein Ehepaar zusammen stehen sehen, werden Sie wahrscheinlich feststellen, dass sie so nahe beieinander stehen, dass sie sich berühren, ohne es zu wollen. Wenn sie einem Fremden oder einem Feind so nahe stehen, würde das für die andere Person ein Warnsignal sein, und sie würde sich wahrscheinlich zurückziehen und versuchen, Abstand zwischen euch beiden zu schaffen. Sie können dies auch bei Vorstellungsgesprächen oder anderen sozialen Interaktionen anwenden, um ein Gefühl dafür zu bekommen, was vor sich geht. Wenn die andere Person näher an Sie herantritt, gefällt ihr wahrscheinlich, was Sie sagen oder wer Sie sind.

Sie können auch testen, was die andere Person für Sie empfindet, indem Sie den Abstand zwischen Ihnen und der anderen Person langsam verringern - wenn sie sich zurückzieht, wenn Sie sich ihr nähern, ist sie möglicherweise nicht an Ihnen interessiert oder möchte zumindest keine engere Beziehung.

Weiter

Wenn die andere Person dagegen absichtlich etwas Abstand zwischen sich und Sie bringt, indem sie sich von Ihnen wegbewegt, wenn Sie sich ihr nähern, oder sich von Ihnen weglehnt, wenn Sie sich nach innen lehnen, will sie Abstand. Möglicherweise möchte er, dass die Interaktion beendet wird, oder er ist an Ihnen interessiert, fühlt sich aber mit Ihnen als Person noch nicht wohl. Denken Sie daran: Wenn Sie nicht als einschüchternd, frustrierend, aggressiv oder dominant erscheinen wollen, versuchen Sie nicht wiederholt, den Abstand zu verringern, wenn die andere Person absichtlich einen Abstand hinterlässt und aktiv versucht, ihn aufrechtzuerhalten.

TÄUSCHUNG

Hatten Sie schon einmal den leisen Verdacht, dass jemand lügt? Sie haben vielleicht nicht verstanden, warum Sie diesen Verdacht hatten, aber Sie konnten sich nicht von der Unschuld der anderen Person überzeugen, egal wie sehr die Menschen um Sie herum getäuscht wurden. In der Überzeugung, dass es sich nur um eine Bauchreaktion handelte, gingen Sie wahrscheinlich weiter, ohne groß darüber nachzudenken.

Es gibt jedoch einen Grund dafür - Täuschungen können erkannt werden. Wahrscheinlich haben Sie einige der angeborenen Anzeichen eher unbewusst erkannt und sich von Ihrer eigenen Intuition leiten lassen, was geschehen ist. Täuschung kann zwar effektiv sein, ist es aber nicht immer.

In diesem Abschnitt werden wir Täuschung definieren und Ihnen einige der gängigsten Täuschungstechniken vorstellen, die in einer Vielzahl von Situationen, von der Politik bis zum Privatleben, eingesetzt werden. Wenn Sie wissen, worauf Sie achten müssen, gepaart mit Ihrer neu gewonnenen Fähigkeit, die Körpersprache zu lesen, können Sie Täuschungen in den meisten Fällen vermeiden; nur die Geschicktesten werden in der Lage sein, Sie tatsächlich zu täuschen, und selbst dann werden Sie nach diesem Kapitel vielleicht noch in der Lage sein, die Zeichen zu erkennen.

Was ist Täuschung?

So einfach wie möglich ausgedrückt, ist Täuschung eine Lüge. Es ist eine Technik, die eingesetzt wird, um andere in die Irre zu führen und sie durch eine Reihe verschiedener Methoden von der Wahrheit abzubringen, die von unverhohlenen Lügen bis hin zur völligen

Vermeidung der Frage reichen. Unabhängig von der Methode ist Täuschung weitgehend unethisch und etwas, das die meisten Menschen tunlichst vermeiden sollten.

Täuschung wird als so falsch, so unethisch angesehen, dass es sogar möglich ist, jemanden wegen Täuschung - falscher Werbung - zu verklagen. Sie kann als Betrug angesehen werden, und sogar das Gesetz erkennt an, dass sie zum Schutz der Gesellschaft bestraft werden kann, und sollte. Wenn Sie daran interessiert sind, Täuschung einzusetzen, sollten Sie die verschiedenen Methoden beachten, die üblicherweise verwendet werden, sowie die Kontexte, in denen sie am häufigsten eingesetzt werden.

Wie Menschen täuschen

Es gibt verschiedene Arten von Täuschungen, und keine ist wie die andere. Alle sind jedoch gleichermaßen bösartig - sie versuchen alle, jemanden davon abzuhalten, in irgendeiner Form zur Wahrheit zu gelangen. Die Verleugnung der Wahrheit reicht aus, um viele Menschen zu verärgern, und dennoch lügen Manipulatoren überall gerne. Sie setzen sie gerne ein, um andere zu kontrollieren, von Gaslighting bis hin zu anderen manipulativen Versuchen, die eine Abkehr von der Wahrheit erfordern. Werfen Sie einen Blick auf diese häufigen Formen der Täuschung.

Lügen

Die krasseste Form der Täuschung ist das Lügen, bei dem eine völlig neue Wahrheit erfunden wird. Anstatt die Wahrheit nur ein wenig zu verdrehen, erfindet die Person absichtlich eine neue Antwort mit der Absicht, die Person, die angelogen wurde, durch die falschen Informationen daran zu hindern, die Wahrheit herauszufinden. Wenn Sie zum Beispiel in einer Situation sind, in der Sie gebeten werden, für Ihren Freund zu babysitten, Sie aber eigentlich keine

Lust haben, weil Sie müde sind und den Abend damit verbringen wollten, die neueste Serie auf Ihrem Streaming-Anbieter zu schauen und dabei billigen Wein zu trinken, könnten Sie sich entscheiden, zu lügen und Ihrem Freund zu sagen, dass Sie krank sind. Auch wenn Sie durchaus krank werden können, wenn Sie sich nicht um Ihren Weinkonsum kümmern, sind Sie in diesem Moment nicht krank - Sie sind völlig gesund, außer dass Sie müde sind und sich entspannen wollen. Es wäre Ihr gutes Recht gewesen, Ihrer Freundin einfach zu sagen, dass es Ihnen leid tut, aber dass Sie nicht babysitten können, aber stattdessen haben Sie sich dafür entschieden, über die Situation zu lügen. Sie haben sich eine falsche Wahrheit ausgedacht und diese Ihrem Freund erzählt, anstatt ehrlich zu sein.

Zweideutigkeit

Bei dieser Form der Täuschung, die auch als Äquivokation bezeichnet wird, werden die Antworten so indirekt, vage und zweideutig wie möglich formuliert. Auf diese Weise können Sie versuchen, die Wahrheit irgendwie zu verschleiern oder zu verbergen. Dies ist vielleicht am häufigsten in der Politik zu beobachten, wo eine Person erkennen kann, dass ihre Antworten aufgrund ihrer Formulierung von der Durchschnittsperson als nachteilig für ihren Wahlkampf angesehen werden würden. Der Politiker versucht zu verbergen, wie seine wahre Antwort lauten würde, da er weiß, dass die Medien und seine Gegner die Antwort zu etwas Schlimmerem verdrehen würden, und formuliert die Antwort vage oder zweideutig, so dass sie auf verschiedene Arten verstanden werden könnte. Auf diese Weise vermeidet der Politiker, dass er für das Gesagte wirklich zur Rechenschaft gezogen werden muss, und bleibt gleichzeitig für die große Mehrheit seiner Anhänger sympathisch. Ein Politiker kann zum Beispiel ein neues Gesetz unterstützen, das strenge Strafen für das Schreiben von SMS am

Steuer vorsieht, aber diese Strafe erfordert mehr Strafverfolgungsmaßnahmen auf der Straße, was folglich zu einer Erhöhung der Steuern führt, weil mehr Strafverfolgungsmaßnahmen mehr Gehaltsschecks bedeuten, was wiederum bedeutet, dass mehr Geld benötigt wird, um sicherzustellen, dass alle bezahlt werden.

Auf die Frage, ob dieses neue Gesetz zu Steuererhöhungen und höheren Kosten für alle führen wird, könnte der Politiker antworten, dass die Versicherungstarife insgesamt sinken sollten, da auch die Unfälle in der Region zurückgehen, und dass diejenigen, die sonst von einem abgelenkten Fahrer angefahren worden wären, der zu sehr mit seinem Handy beschäftigt war, um auf die Straße zu achten, viel Geld sparen werden.

Auslassen von Informationen

Wenn Informationen absichtlich weggelassen werden, wird ein Teil der Wahrheit weggelassen. Auch wenn ein Teil der Wahrheit gesagt wird, lässt der Täuscher absichtlich alles weg, von dem er glaubt, dass es der Sache abträglich sein könnte. Während manche Leute versuchen, die Antwort zu umgehen, lassen andere die Information ganz weg.

Manche Menschen können diese Art der Täuschung damit rechtfertigen, dass sie nur einen Teil der Wahrheit gesagt haben und bei nichts, was sie gesagt haben, gelogen haben. Doch obwohl sie ehrlich waren, haben sie dennoch absichtlich wichtige Details ausgelassen, und dieses Verschweigen wichtiger Informationen ist genauso eine Täuschung wie eine Lüge.

Stellen Sie sich zum Beispiel vor, Sie kommen gerade in die Küche und sehen Ihre beiden kleinen Kinder, die sich in einer Ecke mit einer Packung Kekse verstecken. Ihre Gesichter sind beide mit Schokolade beschmiert. Das eine Kind dreht sich um, zeigt auf seinen Bruder und sagt, dass sein Bruder die ganzen Kekse gegessen hat, wobei es absichtlich die Tatsache auslässt, dass auch es selbst Kekse gegessen hat, wie man an den Krümeln überall auf ihm erkennen kann. Er weiß, dass er die Kekse gegessen hat, und er hat es nie geleugnet, also hat er in seinem Kopf die Wahrheit gesagt, auch wenn es nicht die ganze Wahrheit war.

Übertreibungen

Übertreibungen sind genau das - Sie übertreiben ein Detail aus irgendeinem Grund, als ob Sie glauben, dass es Ihnen in irgendeiner Weise nützt, wenn Sie lügen, was passiert oder was Sie tun. Im Grunde versuchen Sie, die Wahrheit so zu dehnen, dass sie in die Erzählung passt, die Sie zu verkaufen versuchen, z. B. wenn Sie davon sprechen, wie schlimm der Verkehr wegen eines schweren Unfalls war, als Sie an diesem Tag zur Arbeit fuhren, auch wenn der fragliche Unfall in Wirklichkeit gar nicht so schlimm war und Sie eigentlich zu spät kamen, weil Sie nach einer langen Nacht verkatert waren.

Indem Sie die Wahrheit verdrehen und die Auswirkungen des kleinen Unfalls, an dem Sie vielleicht vorbeigefahren sind, übertreiben, machen Sie sich etwas vor. Sie versuchen, die Schuld für Ihre Verspätung auf etwas zu schieben, das nicht der Grund für Ihre Verspätung war, auch wenn das unfair ist und Sie sich vor der Verantwortung drücken. Vielleicht bitten Sie um Mitleid, obwohl Sie es gar nicht verdient haben, oder Sie versuchen, sich vor der Verantwortung zu drücken. Wie auch immer, Übertreibungen sind, wenn sie irreführend gemeint sind, nicht akzeptabel.

Herunterspielen

Das ist das Gegenteil von Übertreibung - wenn man etwas herunterspielt, spielt man es herunter. Sie versuchen, etwas als weniger große Sache darzustellen, als es tatsächlich ist. Vielleicht haben Sie versucht, etwas herunterzuspielen, damit es für die Person, die die Wahrheit hört, leichter zu akzeptieren ist, z. B. wenn Sie behaupten, dass ein Haarschnitt, der absolut katastrophal war, in Wirklichkeit gar nicht so schlimm war, oder wenn Sie sagen, dass jemand eine kleine Schnittwunde hatte, obwohl er fünfzehn Stiche brauchte, um die Wunde zu schließen.

Auch wenn Menschen oft aus Höflichkeit, z. B. um bescheiden oder witzig zu sein, Untertreibungen verwenden, gelten sie als weitgehend irreführend, vor allem, wenn der gesamte Zweck des Gesagten darin besteht, das tatsächlich Geschehene falsch darzustellen.

Wenn Sie mit dem Auto eines anderen zusammenstoßen und versuchen, ihm zu sagen, dass er keinen Grund hat, die Versicherung einzuschalten, weil es sich nur um einen winzigen Kratzer handelt, obwohl sein halbes Auto eine riesige Schramme hat, ist das eine irreführende Verharmlosung.

GEHIRNWÄSCHE

Die Gehirnwäsche wurde bereits im Kapitel über Gedankenkontrolle kurz angesprochen, aber sie ist so wichtig und relevant für dunkle Psychologie und Manipulation, dass sie einen eigenen Abschnitt im Buch verdient. Wenn man an jemanden denkt, der einer Gehirnwäsche unterzogen wurde, ist das Ergebnis oft jemand, der geistlos gehorsam ist, oft aus Angst. Vielleicht wurden sie so lange gefangen gehalten, dass sie gehorsam wurden, nur um zu überleben, oder sie wurden zur Unterwerfung geprügelt. Was auch immer der Grund für den Gehorsam ist, die Ergebnisse der Gehirnwäsche sind absolut unbestreitbar - sie schaffen jemanden, der effektiv unter der Kontrolle eines anderen steht.

Definition von Gehirnwäsche

Ursprünglich wurde der Begriff "Gehirnwäsche" in den 1950er Jahren von Edward Hunter verwendet, um amerikanische Soldaten zu bezeichnen, die chinesische Kriegsgefangene waren. Nach ihrer Entlassung erklärten viele amerikanische Soldaten, dass sie gegen westliche Gedanken seien und zu einem kommunistischen Glaubenssystem konvertierten, was natürlich die Befürchtung auslöste, dass die Chinesen tatsächlich eine legitime Form der Gedankenkontrolle entwickelt hätten. In Wirklichkeit waren diese Techniken jedoch viel älter als die Chinesen und ihre Anwendung in den 50er Jahren.

Bei der Gehirnwäsche handelt es sich um eine Gedankenreform, bei der verschiedene Techniken eingesetzt werden, die eine Person im Laufe der Zeit dazu bringen, ihre Gedanken, Verhaltensweisen und Grundüberzeugungen zu ändern. Sie verändern sich so sehr, dass sie im Wesentlichen ihre Fähigkeit verloren haben, freie Entscheidungen zu treffen - sie werden gehorsam. Die Techniken, die den Wandel herbeiführen, können sehr unterschiedlich sein, aber in der Regel ist die Gehirnwäsche mit einer Art von Gefahr und Bedrohung verbunden, wobei häufig Gewalt angewendet wird.

Wie die Gehirnwäsche erfolgt

Die Gehirnwäsche besteht aus mehreren Schritten, obwohl es sich um ein recht einfaches Konzept handelt. Um jemanden einer Gehirnwäsche zu unterziehen, zumindest in der Art und Weise, wie sie bei den Soldaten durchgeführt wurde, die genau und ausgiebig untersucht wurden, gibt es zwölf verschiedene Schritte. Jeder dieser Schritte gipfelt darin, eine veränderte Person zu schaffen.

***Angriff auf die Identität der Person*:** Dadurch wird die Identität der Person in Frage gestellt. Häufig werden Menschen geschlagen, wenn sie Fragen zu ihrer eigenen Identität beantworten, und ihnen wird unmittelbar danach widersprochen. Wenn sie zum Beispiel nach ihrem Namen gefragt werden, antworten sie vielleicht, werden geschlagen und bekommen dann einen neuen Namen genannt. Sie entwickeln schnell Zweifel daran, wer sie als Menschen sind.

***Schuldgefühle*:** Die Person, die einer Gehirnwäsche unterzogen wird, ist dann massiven Schuldgefühlen ausgesetzt und wird gezwungen zu glauben, dass sie die Behandlung verdient, die ihr zuteil wird. Es ist unglaublich wichtig, der Person das Gefühl zu geben, dass alles ihre Schuld ist, oder dass sie selbst schuld ist, wenn etwas nicht klappt, und dass sie sich schuldig fühlen muss.

***Selbstverrat*:** In dieser Phase wird die gehirngewaschene Person systematisch dazu gezwungen, alles zu verleugnen, was ihr lieb und teuer ist. Freunde, Familie, Religion, Kultur und alles andere. Dies gipfelt im Wesentlichen in der Zerstörung der Identität der Person, die einer Gehirnwäsche unterzogen wurde.

***Das Individuum wird gebrochen*:** Irgendwann erkennt die Person, die einer Gehirnwäsche unterzogen wurde, dass es kein Entkommen gibt. Ohne die Hoffnung auf ein Entkommen und eine Rückkehr in ein früheres Leben wird die Person von Angst und der Furcht, vernichtet zu werden, zerfressen, so dass sie unfähig ist, vernünftig zu denken, und sich oft den schnellstmöglichen Tod wünscht.

***Nachsicht*:** In diesem Stadium, wenn der Gefangene oder die Person, die einer Gehirnwäsche unterzogen wurde, sicher ist, dass er oder sie zerbrechen wird, bietet jemand ein winziges Licht der Freundlichkeit. Die kleinste Nachsicht lässt hier neue Hoffnung aufkeimen. Gleichzeitig besteht der Manipulator darauf, dass alles hinter sich gelassen werden kann, wenn die Person der Bitte nachkommt, und der Gefangene ist bereit, dies zu tun, um der Zerstörung zu entgehen.

***Zwang zum Geständnis*:** Zu diesem Zeitpunkt verspürt der Gefangene wahrscheinlich das Bedürfnis, alle möglichen vermeintlichen Verbrechen zu gestehen - es geht darum, das Selbstgefühl zu reinigen, um ein Weiterkommen zu ermöglichen. Der Entführer ermutigt dies natürlich.

***Kanalisierung der Schuld*:** Die Gefangenen fühlen sich dann nicht mehr für die Verbrechen, sondern für ihr eigenes Selbstverständnis schuldig. Alles, was mit ihrem Glauben, ihrer Familie und ihren Vorlieben zu tun hat, wird zu einem Grund für Schuldgefühle. Da sie den Standpunkt ihrer Entführer akzeptieren, werden sie sich selbst gegenüber immer schuldiger.

***Umerziehung*:** Zu diesem Zeitpunkt legen die Gefangenen ihre frühere Identität und alles, was damit zusammenhing, ab. Sie sind offen für eine Umerziehung und lernen, mit den Wünschen und Erwartungen des Entführers zu leben.

Fortschritt: Je mehr sie beginnen, die Ansichten und Überzeugungen der Entführer zu akzeptieren, desto mehr werden sie in die Gesellschaft aufgenommen und als Menschen behandelt, was sie ermutigt, ihren Weg fortzusetzen.

Letztes Geständnis: An diesem Punkt wird den Gefangenen ein letztes Geständnis abgenommen - sie sprechen als ihr neues Ich, das durch den Prozess entstanden ist, und erhalten die Möglichkeit, sich von ihrer früheren Identität zu befreien.

Wiedergeburt: Jetzt werden die Gefangenen wieder als Menschen anerkannt. Sie werden für gutes Verhalten belohnt und bestraft, wenn sie etwas tun, das an ihr früheres Leben erinnert.

Entlassung: Nach Abschluss des Prozesses werden die Gefangenen in die reale Welt entlassen, wo sie ihre Rechte als Menschen wahrnehmen können, aber ständig mit der Überprüfung ihrer neuen oder alten Identität konfrontiert sind und befragt werden.

Auswirkungen der Gehirnwäsche

Letztlich können die Auswirkungen der Gehirnwäsche ziemlich dramatisch sein - in relativ kurzer Zeit kann eine völlig neue Person geschaffen werden. Diese Persönlichkeit wird als Verteidigungsmechanismus angenommen, der nur dazu dient, sich an jede mögliche Form des Überlebens zu klammern, um sicherzustellen, dass die Person weiterlebt. Indem sie sich selbst schützten, wurden die Opfer der Gehirnwäsche genau das, was die Menschen um sie herum aus der Not heraus wollten. Sie wussten, dass der einzige Ausweg darin bestand, so zu tun, als wären sie jemand, der sie nicht waren, auch wenn dies bedeutete, dass sie sich selbst verleugneten und ablehnten, wer sie als Menschen im Grunde waren. Die Menschen sind plötzlich völlig neue Wesen, sehr zum Schock der Menschen in ihrer Umgebung, aber das lässt sich schließlich ändern. Eine Gehirnwäsche ist relativ einfach zu korrigieren - sobald die Menschen außer Gefahr sind, lassen die Auswirkungen der Gehirnwäsche nach und nach nach. Natürlich sind viele Interventionen, Therapien und andere Behandlungen notwendig, aber der Prozess kann rückgängig gemacht werden.

NLP steht für Neurolinguistisches Verarbeiten und ist eine Kombination aus verschiedenen Prozessen des Gehirns und deren Zusammenwirken, um eine zusammenhängende Erfahrung zu schaffen. Mit NLP sind Sie in der Lage, die Landkarten zu verstehen, die das Verhalten und die Gedanken der Menschen um Sie herum steuern, und Sie können diese Landkarten anzapfen, um sie so zu manipulieren, dass sie für alle Beteiligten vorteilhafter sind.

NLP definieren

NLP ist eine Methode, mit der man versucht, die Vorgänge im Gehirn zu verstehen. Es ermöglicht Menschen, Verhaltensweisen in kleinere, leicht verständliche Gedanken aufzuschlüsseln, die dann von den daran interessierten Personen gesteuert werden können. Mit Hilfe von Wahrnehmungen der Umwelt, spezifischen sprachlichen Hinweisen und Verhaltenstechniken ist es möglich, das Verhalten der Menschen, mit denen man zu tun hat, zu verändern.

NLP ist vielseitig einsetzbar und wird häufig als eine Art Therapie verwendet, bei der Menschen, die schlechte Angewohnheiten ändern oder neue Verhaltensmuster entwickeln möchten, mit Hilfe eines Therapeuten ihre eigene Verarbeitung anzapfen können, um alle negativen Verhaltensweisen außer Kraft zu setzen und sie durch etwas zu ersetzen, das für die Person, die sich ändern möchte, vorteilhafter ist.

Dabei wird erkannt, dass die Art und Weise, wie Menschen Dinge erleben und über sie denken, sich direkt auf ihr Verhalten auswirken kann. Wenn man die Gedanken ändert, ändern sich die Gefühle, und wenn man die Gefühle ändert, ändert sich auch das Verhalten. Diese

Art von Dominoeffekt ermöglicht einen effektiven Einsatz in einer Vielzahl von Situationen.

NLP zum Überzeugen und Beeinflussen einsetzen

Wenn man versucht, NLP zu nutzen, um zu überzeugen oder zu beeinflussen, gibt es verschiedene Möglichkeiten.

NLP basiert auf Überredung und Beeinflussung und nutzt die Prinzipien der Überredung, um Menschen dazu zu bringen, ihr Verhalten in einer Vielzahl von Bereichen zu ändern. Insbesondere durch die Nutzung von Sympathie kann sich ein Therapeut in die Gedankenwelt eines Patienten hineinversetzen und ihm helfen, sein Verhalten so zu verändern, dass es produktiver wird. Hier sind einige der häufigsten NLP-Techniken, die eingesetzt werden, um andere zu überzeugen oder zu beeinflussen.

Spiegelung und Entwicklung von Rapport

Die vielleicht grundlegendste Fähigkeit im NLP ist die Entwicklung einer Beziehung durch Spiegelung, um zu gewährleisten, dass Überzeugungsarbeit geleistet werden kann. Dies ist zwar ein grundlegender Teil des NLP, aber auch in vielen anderen Zusammenhängen von entscheidender Bedeutung. Wenn man lernt, andere Menschen zu spiegeln, ist man in der Lage, eine Art Bindung zwischen sich selbst und der anderen Person herzustellen, die man dann nutzen kann, um andere zu beeinflussen.

Wenn Sie versuchen, jemanden zu spiegeln, um eine Beziehung zu entwickeln, müssen Sie mehrere Schritte befolgen. Am effektivsten ist es, wenn Sie zunächst eine kleine Verbindung aufbauen - dies geschieht in vier Schritten. Zunächst stellen Sie sich vor die Person, d. h. Sie schauen ihr nach vorne und sind mit Ihrem ganzen Körper auf die andere Person ausgerichtet. Dann halten Sie Augenkontakt, aber achten Sie darauf, dass dieser natürlich ist. Drittens nicken Sie dreifach - dadurch ermutigen Sie die andere Person, weiter zu sprechen, und bauen unbewusst eine Verbindung auf, indem Sie dem anderen zustimmen (Erinnern Sie sich an das Prinzip der Sympathie? Sie wollen Menschen mögen, mit denen Sie sich identifizieren können!). Und schließlich sagen Sie sich selbst, dass Sie an der anderen Person interessiert sind, bis Sie es sind.

Wenn die Verbindung hergestellt ist, können Sie das Tempo und die Lautstärke der anderen Person nachahmen, indem Sie sicherstellen, dass Sie die stimmlichen Signale der anderen Person übernehmen. Wenn die Person laut ist, sollten Sie laut sein, und wenn sie schnell spricht, sollten Sie das auch tun.

Drittens: Identifizieren Sie die Interpunktion der anderen Person - das ist etwas, das die andere Person zur Betonung verwendet. Finden Sie heraus, was diese Person verwendet, und nutzen Sie es im Gespräch.

Testen Sie abschließend, ob eine Verbindung besteht. Wenn dies erfolgreich war, sollte die andere Person die harmlosesten Verhaltensweisen nachahmen, z. B. Ihr Gesicht jucken oder über Ihre Schulter streichen. Wenn dies der Fall ist, haben Sie eine Verbindung oder ein Verhältnis zu der anderen Person aufgebaut!

Swish-Muster

Ein Swish-Muster ist eine Methode, mit der NLP-Praktizierende das Unterbewusstsein anzapfen, um unerwünschte Verhaltensweisen so zu verändern, dass sich der Kontext vollständig ändert. Auf diese Weise wird ein Dominoeffekt ausgelöst, der das Verhalten verändert, nachdem die Vorgeschichte des negativen Verhaltens geändert wurde. Nehmen wir zum Beispiel an, Sie haben die schlechte Angewohnheit, regelmäßig an Ihren Nägeln zu kauen.

Sie kauen Ihre Nägel als Reaktion auf eine Konfrontation. Wenn Sie sich wegen einer Konfrontation ängstlich fühlen, fangen Sie an, an Ihren Nägeln zu kauen - ganz einfach, oder? Wenn Sie Swish-Muster verwenden, nehmen Sie dieses ängstliche Gefühl, und anstatt Ihre Nägel zu kauen, werden Sie angeleitet, etwas Konstruktives zu tun, oder zumindest etwas, das nicht destruktiv ist. Vielleicht wird Ihnen z. B. vorgeschlagen, sich mit der Hand durch die Haare zu fahren, wenn Sie aufgrund einer Konfrontation ängstlich werden. Das ist zwar immer noch ein äußerliches Verhalten, aber es schadet Ihnen in keiner Weise.

Dazu baut der Überredungskünstler die notwendige Beziehung auf und fordert Sie auf, sich die Angst vorzustellen, die Sie empfinden. Sie werden aufgefordert, an eine Konfrontation mit jemandem zu denken, und in dem Moment, in dem Sie auf den Nagel beißen wollen, werden Sie durch Spiegelung unbewusst dazu gebracht, stattdessen mit der Hand durch Ihr Haar zu fahren. Die Idee ist, dass Sie dann angeleitet werden können, die nervöse Angewohnheit im Laufe der Zeit vollständig durch die weniger destruktive Angewohnheit zu ersetzen und so einen viel gesünderen Bewältigungsmechanismus zu entwickeln, wenn Sie mit einer Konfrontation konfrontiert werden.

Spiegeln und Nicken

Sobald durch das Spiegeln eine Beziehung hergestellt wurde, können Sie dieses Spiegelverhalten nutzen, um Menschen unbewusst dazu zu bringen, häufiger Ja zu Ihnen zu sagen. Wenn Sie wissen, dass die andere Person Sie spiegelt, sollten Sie die Frage stellen, die Sie mit "Ja" beantwortet haben möchten, und dabei leicht mit dem Kopf nicken. Sie wollen nicht, dass das Nicken ablenkt, aber Sie wollen, dass es gerade so auffällig ist, dass die andere Person anfängt, es ebenfalls zu imitieren. Stellen Sie Ihre Frage, während Sie dies tun, und fahren Sie dann mit dem subtilen Nicken fort, während Sie auf

Ihre Antwort warten. Oft beginnen die Personen, die Sie spiegeln, als Reaktion auf Ihr Kopfnicken mit dem Kopf zu nicken, einfach aus Gründen der Spiegelung. Wenn sie jedoch mit dem Kopf nicken, ist es wahrscheinlicher, dass sie von sich aus zu allem Ja sagen, worum sie gebeten werden. Das ist fantastisch - Sie können dies nutzen, um Menschen dazu zu bringen, Ja zu sagen, auch wenn sie normalerweise Nein sagen würden, wenn sie etwas wollen. Versuchen Sie, dies in einer Umgebung mit geringeren Anforderungen zu nutzen, um die Fähigkeiten zu üben und zu beherrschen. Sie werden überrascht sein, wie sehr Sie andere Menschen durch Ihr Verhalten und Ihr Verständnis der Funktionsweise ihres eigenen Gehirns beeinflussen können! Wenn Sie diese Methode anwenden, werden Sie wahrscheinlich alle Arten von "Ja" bekommen - die Möglichkeiten sind endlos. Du könntest es bei einer Verabredung anwenden, wenn du ein Elternteil um Erlaubnis bittest, wenn du versuchst, jemanden dazu zu bringen, etwas mit dir zu tun, oder sogar bei einer Verabredung oder einem Heiratsantrag an deinen Partner! Es gibt viele Anwendungsmöglichkeiten für diese besondere Fähigkeit, vor allem in der Überzeugungs- und Beeinflussungsarbeit.

DUNKLE VERFÜHRUNG

Haben Sie sich jemals gewünscht, Sie könnten jemanden einfach nur ansehen und sein Interesse wecken? Vielleicht haben Sie sich gewünscht, jemanden davon überzeugen zu können, dass er Sie will, vielleicht sexuell oder für eine wirklich bedeutungsvolle Beziehung. Was auch immer Ihre Motivation ist, es ist eine Möglichkeit. Sie können die Kunst der Verführung erlernen, bei der Menschen in der Lage sind, sich selbst so verführerisch, so attraktiv zu machen, dass sie, auch wenn sie vielleicht nicht die konventionell attraktivste Person im Club oder im Raum sind, scheinbar mühelos alle Leute zu sich ziehen können.

Das scheint zu schön, um wahr zu sein, aber die meisten Themen, die bisher besprochen wurden, sind sicher auch zu schön, um wahr zu sein. Fast jeder Mensch ist auf der Suche nach Liebe und Intimität, und mit den Fähigkeiten in diesem Kapitel werden Sie in der Lage sein, beides mit relativer Leichtigkeit zu entwickeln.

Was ist Dunkle Verführung?

Der Begriff "Verführung" stammt aus dem Lateinischen und bedeutet "in die Irre führen" oder "verderben". Im Grunde ist es genau das: Wenn Sie jemanden verführen, führen Sie ihn aktiv in die Irre und ermutigen ihn gerade so weit, dass er Ihnen folgt.

Im Grunde genommen beeinflussen Sie den Verstand einer anderen Person, ermutigen sie, mit Ihnen zusammen sein zu wollen, und überreden sie, sich für etwas zu interessieren, das ihr sonst nicht in den Sinn gekommen wäre. Auch wenn dies sehr unpassend oder gefährlich klingen kann, ist es wichtig, die Bedeutung der Zustimmung bei der Verführung zu beachten.

Verführung ist keine Vergewaltigung. Sie ist kein Mittel, um Opfer zu finden, die man vergewaltigen kann. Sie wird nicht als Rechtfertigung für eine Vergewaltigung benutzt. Verführung erkennt den freien Willen absolut an und versucht, die andere Person dazu zu bringen, Ihnen freiwillig zu folgen. Sie nutzen Ihr Verständnis des menschlichen Geistes und Ihre Fähigkeiten, die Sie entwickelt haben, um die andere Person davon zu überzeugen, dass sie Ihnen folgen sollte.

Nachdem wir diese Offenlegung hinter uns gebracht haben, können wir uns nun der Definition von Verführung etwas genauer widmen: Es ist die Kunst, einen anderen Menschen zu verfolgen, bis er dich verfolgt. Du gibst ein wenig nach und ziehst dich ein wenig zurück, um das Interesse der anderen Person zu wecken, bis sie nicht mehr genug von dir bekommen kann, egal wie sehr sie versucht, sich zurückzuziehen.

Wie man verführt

Es gibt verschiedene Methoden, die Sie anwenden können, um eine andere Person zu verführen.

Jede dieser Methoden kann entweder zusammen oder separat angewendet werden, je nachdem, welche Ergebnisse Sie erzielen möchten. Vergewissern Sie sich, dass Sie sich die Zeit nehmen, alle Schritte im Abschnitt über die Auswahl eines Ziels durchzugehen, da die Informationen dort absolut entscheidend sind, um Ihren Erfolg bei der Verführung eines Ziels unabhängig vom Geschlecht zu gewährleisten.

Auswahl eines Ziels

Bei der Auswahl eines Ziels müssen Sie wählerisch sein. Sie müssen sicherstellen, dass es sich tatsächlich um jemanden handelt, den Sie verfolgen möchten. Verwenden Sie diese drei Kriterien, um sicherzustellen, dass Sie das perfekte Ziel für Sie ausgewählt haben.

***Sie haben Sie angezogen*:** Der vielleicht wichtigste Punkt ist, dass Sie an der Person interessiert sein müssen. Wenn Sie nicht interessiert sind, werden Sie relativ schnell das Interesse verlieren, was den Zweck der Verführung von vornherein zunichte macht. Verführung ist im Grunde die ultimative Jagd, bei der man es genießt, jemandem hinterherzujagen, bis die andere Person stattdessen hinter einem selbst her ist. Um das richtige Ziel zu finden, müssen Sie sicher sein, dass die andere Person Sie angezogen hat.

***Sie sind empfänglich für Verführung*:** Denken Sie daran, dass Verführung auch das Interesse der anderen Partei voraussetzt. Da das ultimative Ziel darin besteht, die andere Person dazu zu bringen, sich in Sie zu verlieben, müssen Sie sicherstellen, dass sie überhaupt für diese Idee empfänglich ist. Das bedeutet, dass Sie sich vergewissern müssen, dass die andere Person wahrscheinlich auf jede Taktik hereinfällt, die Sie anzuwenden versuchen. Wenn sie nicht bereit sind, auf Ihre Versuche hereinzufallen, werden sie keine guten Ziele sein. Wenn sie sich zu sehr wehrt, werden Sie die andere Person nicht mehr verführen, sondern zwingen, was ebenfalls den Zweck dieser Übung verfehlt. Seien Sie also vorsichtig auf diesem schmalen Grat.

***Sie sind mit ihrer derzeitigen Situation unzufrieden*:** Oftmals sind die einfachsten Ziele diejenigen, die derzeit unglücklich sind. Sie haben eine Lücke in ihrem Herzen, die gefüllt werden kann - mit Ihnen. Sie sind oft unglücklich mit dem, was bisher in ihrem Leben geschehen ist, isoliert und einsam und suchen nach mehr. Wenn Sie eine solche Person finden, können Sie sie an sich reißen, bevor sie entkommen kann, und sich ein neues Lieblingsprojekt zulegen. Denken Sie daran: Wenn die andere Person mit ihrem Leben zufrieden ist, wird sie kaum auf Verführung hereinfallen. Oft ist es der Gedanke, etwas mehr zu bekommen, der die Verführten so nah an sich heranlässt, dass sie den Vorgang abschließen.

Wenn Sie Ihr Ziel identifiziert haben, können Sie zu den Taktiken übergehen, die in der Verführung üblich sind. Denken Sie daran, dass es weitgehend an Ihnen liegt, was nach der Auswahl der Zielperson kommt. Sie müssen sicherstellen, dass Sie das Feedback Ihrer Zielperson berücksichtigen, um die richtige Taktik zu wählen. Wenn Ihre Zielperson nicht gut mit Ängsten umgehen kann, aber mit Süßholzraspelei und Verführung gut zurechtkommt, sollten Sie sich darauf einlassen. Es gibt kein Patentrezept für die Verführung, und Sie werden einige Versuche unternehmen müssen, um eine Methode zu finden, die für Sie funktioniert.

Senden von gemischten Signalen

Wenn Sie jemandem gemischte Signale senden, wird er Sie viel eher bemerken. Wären Sie denn mehr an einer anderen langweiligen Person interessiert oder an jemandem, der ein wandelnder Widerspruch zu sein scheint? Zumindest mit dem wandelnden Widerspruch bekommen Sie etwas Unerwartetes und Neues, das Sie zu Ihrem Vorteil nutzen können. Sie werden aufregend und unvorhersehbar sein, was die Aufmerksamkeit auf Sie lenken kann und es Ihnen ermöglicht, Ihr Spielfeld zu erweitern oder die Person, die Sie verführen wollen, ins Visier zu nehmen, um mit ihr zu beginnen. Wenn Sie interessant werden, haben Sie weitaus größere Erfolgschancen. Schließlich interessieren sich die Leute mehr für Dinge, die schon deshalb interessant sind, weil sie interessant sind. Versuchen Sie, die Dinge zu mischen - Sie scheinen sich sehr für Sport zu interessieren und als allgemeiner Muskelprotz gesehen zu werden, aber Sie könnten auch wirklich Liebesfilme mögen, selbst wenn das eine Lüge ist. Es ist in Ordnung, die Wahrheit manchmal zu verschönern, wenn Sie auf Verführung setzen - so können Sie die

Menschen, die Sie anziehen wollen, an sich binden, was letztlich genau das ist, was Sie in erster Linie erreichen wollen. Seien Sie hart und kalt, aber im Herzen einfühlsam, oder vielleicht sind Sie bissig, aber auch süß, wenn Sie es wollen. Wie auch immer die Kombination aussieht, Sie werden etwas finden, das für Sie funktioniert.

Ursache Angst

Wenn Menschen, die mit ihrem Leben zufrieden sind, kein Interesse daran haben, verführt zu werden, weil sie sich bereits erfüllt fühlen, können Sie die Dinge umkrempeln, indem Sie bei Ihrer Zielperson irgendwie Angst auslösen. Es ist zwar einfacher, ein Ziel zu wählen, das bereits von Natur aus ängstlich ist und dem etwas im Leben fehlt, aber manchmal entdeckt man ein Ziel, das man einfach haben muss, auch wenn man weiß, dass es eine Herausforderung sein wird. In solchen Fällen werden Sie wahrscheinlich irgendwie Angst erzeugen wollen. Stellen Sie sicher, dass dies verdeckt geschieht. Die besten Methoden dazu finden Sie unter in den Kapiteln über verdeckte emotionale Manipulation und Gedankenkontrolle - dort finden Sie mehrere Vorschläge, die Ihnen dabei helfen werden, bei anderen Menschen Angst auszulösen.

Machen Sie sich selbst begehrenswert

Wenn Sie versuchen, sich selbst begehrenswerter erscheinen zu lassen, wollen Sie zwei Dinge tun: Erstens wollen Sie an das Prinzip der Knappheit appellieren. Wenn sich alle für Sie zu interessieren scheinen, gibt es sozusagen nicht genug von Ihnen, und die Zielperson, die Sie verfolgen, wird Sie wahrscheinlich als viel interessanter ansehen. Wenn so viele Menschen hinter Ihnen her sind, müssen Sie ja auch interessant oder lohnenswert sein. Darüber hinaus können Sie sich selbst begehrenswerter erscheinen lassen, indem Sie genau das projizieren, was die andere Person Ihrer

Meinung nach gerne sehen und hören würde. Wenn Sie wissen, dass die Zielperson an Musik interessiert ist, übernehmen Sie auch die Interessen der anderen Person.

Süßes Gerede

Erinnern Sie sich an Love Bombing? Erinnern Sie sich hier wieder daran. Bieten Sie viel Süßholzraspelei an, damit sich die andere Person zu Ihnen hingezogen fühlt und an einer Fortsetzung der Beziehung interessiert ist. Menschen lieben positives Feedback, und das ist eine Möglichkeit, die Zielperson wieder anzulocken, besonders nach einem Tiefpunkt.

Versuchung

Menschen lassen sich gerne verführen - wenn Sie jemandem zeigen können, was er haben könnte, und dabei sicherstellen, dass es etwas ist, von dem Sie wissen, dass er es tatsächlich gerne haben würde, werden Sie wahrscheinlich positive Ergebnisse erzielen. Wenn Sie Ihrer Zielgruppe nur einen kleinen Einblick oder einen Vorgeschmack auf Ihr Angebot geben, werden Sie wahrscheinlich mehr Interesse wecken.

Andeutungen

Indem Sie die Fähigkeit entwickeln, Kommentare anzudeuten, ohne tatsächlich laut zu sagen, was Sie meinen, können Sie Ihre Zielperson noch besser kontrollieren. Sie sind in der Lage, Ungewissheit zu schaffen, die Angst erzeugt, was dazu führt, dass Sie die Zielperson im Nachhinein leichter verführen können. Behalten Sie dies für eine effektive Verführung im Hinterkopf.

Suspense

Sie wollen, dass Ihre Zielperson immer unsicher ist, was als Nächstes kommt. Sie wollen, dass sie so unglaublich fasziniert von Ihnen ist und davon, wie spontan und überraschend Sie in jedem Moment erscheinen, dass Sie immer an sie oder ihn denken. Wenn Sie diese Art von Interesse aufrechterhalten, werden Sie einen Umschwung erleben, bei dem die Zielperson anfängt, stattdessen ein aktiveres Interesse an Ihnen zu zeigen.

Machen Sie eine Achterbahn daraus

Ihre Verführungsversuche sollten auf keinen Fall eine sanfte Fahrt sein - Sie brauchen viele Höhen und Tiefen, die es Ihnen ermöglichen, die Kontrolle über die andere Person zu behalten. Dies geschieht dadurch, dass Sie dafür sorgen, dass Sie manchmal Spaß haben und die Beziehung glücklich und erfüllend erscheint, nur um dann plötzlich und völlig unerwartet in ein Tief zu stürzen. Auf diese Weise bringen Sie die Dinge durcheinander - und lassen die Höhepunkte Ihrer Beziehung im Vergleich zu den Tiefpunkten viel besser erscheinen. Im Grunde genommen schaffen Sie künstlich eine niedrigere Schwelle, die Ihre Versuche, es tatsächlich zu versuchen, viel faszinierender erscheinen lässt.

Bleiben Sie hartnäckig, aber nicht zu hartnäckig

Die vielleicht wichtigste Mahnung für Sie ist zu wissen, wann Sie aufhören sollten. Sie müssen erkennen, dass das, was Sie tun, manchmal ein hoffnungsloser Fall ist und sich der zusätzliche Aufwand nicht lohnt. Es gibt zwar einige Menschen, die für eine Verführung offen sind, aber nicht alle. Wenn Sie auf jemanden treffen, von dem Sie glauben, dass er empfänglich ist, es aber nach mehreren Versuchen nicht ist, ist es an der Zeit, Ihre Verluste zu begrenzen und sich jemand anderem zuzuwenden. Machen Sie sich nicht die Mühe, Ihre Zeit zu verschwenden - Sie werden es bereuen.

VERMEIDEN VON MANIPULATIONSTAKTIKEN DER DUNKLEN PSYCHOLOGIE

Nachdem Sie nun mit verschiedenen Manipulations- und Nötigungsstrategien vertraut sind, ist es an der Zeit, zum letzten Teil dieses Buches überzugehen - der Verteidigung gegen die in diesem Buch beschriebenen Taktiken. Sie werden feststellen, dass es bei einigen der gelehrten Techniken darauf ankam, unentdeckt zu bleiben, während sie angewandt wurden. Wenn Sie die Techniken jetzt verstehen, können Sie erkennen, wann sie eingesetzt werden. Ihr eigenes Wissen über die Materie ist Ihre erste Verteidigungslinie gegen solche manipulativen Handlungen. Behalten Sie jedoch die folgenden Tipps im Hinterkopf, um zu verhindern, dass Sie in Zukunft für Manipulationen anfällig werden.

Erkennen der Anzeichen

Wie bereits kurz erwähnt, ist das Erkennen der Anzeichen für eine Manipulation immer eine fantastische Möglichkeit, sich vor weiterer Viktimisierung zu schützen. Wenn Sie z. B. Veränderungen in der Persönlichkeit erkennen oder feststellen, dass Beziehungen schwächer werden, befinden Sie sich möglicherweise in einer Beziehung mit einem Manipulator. Wenn Sie diese Symptome oder einen Mangel an Kontrolle bei einem Freund oder einer Freundin feststellen, kann es sich lohnen, ein Gespräch zu führen, um sicherzugehen, dass in seinem oder ihrem Leben alles in Ordnung ist.

Verteidigen Sie immer Ihre Grenzen

Ihre erste Verteidigungslinie sind Ihre eigenen persönlichen Grenzen. Das sind im Grunde genommen unsichtbare Linien im

Sand, die Sie zwischen sich und allen anderen ziehen und die einige Verhaltensweisen darstellen, deren Verletzung Sie auf keinen Fall dulden werden, und jeder. Diese Grenzen sind absolut vernünftig, wenn Sie sie durchsetzen wollen, egal, was Ihnen jemand anderes erzählen mag. Wenn Ihnen jemand sagt, dass Ihre Grenzen unvernünftig oder zu streng sind, handelt es sich möglicherweise um einen Manipulator, der versucht, Sie davon zu überzeugen, Ihre Deckung fallen zu lassen, um die Chance zu nutzen, Sie weiter zu manipulieren. Wenn Sie Grenzen haben, sollen sie sicherstellen, dass Ihnen niemand auf die emotionale Pelle rückt. Sie schützen Sie vor Dingen, mit denen Sie nicht konfrontiert werden wollen oder die Sie nicht hinnehmen wollen. Zu den gesunden Grenzen gehört zum Beispiel, dass man nicht betrogen werden möchte, dass man nicht absichtlich körperlich oder emotional verletzt werden möchte, dass man Ehrlichkeit erwartet oder dass man beschließt, dass Schreien keinen Platz in der Beziehung hat. All dies sind rationale, vernünftige Grenzen, auch wenn viele andere Manipulatoren versuchen würden, Sie vom Gegenteil zu überzeugen.

Wenn Sie Ihre Grenzen festgelegt haben, sollten Sie darauf achten, dass Sie sie nicht aufweichen. Sie sollten unnachgiebig sein - wenn der Manipulator versucht, sie zu überschreiten, sollten Sie eine Konsequenz ziehen, sei es, dass Sie weggehen, um sich selbst zu schützen, oder sich auf andere Weise ganz aus der Situation zurückziehen. Es ist Ihr gutes Recht, Ihre Grenzen vor den Manipulationsversuchen anderer Menschen zu schützen - sie sind dazu da, Sie zu schützen, und Sie sollten sie ebenso stark schützen, damit sie ihre Aufgabe richtig erfüllen können.

Identifizierung von Motiven

Wenn Sie versuchen herauszufinden, ob Sie manipuliert werden oder jemand einfach nur versucht, Ihnen irgendwie zu helfen, sollten

Sie immer innehalten und die Motive des Betreffenden neu bewerten. Versucht die Person wirklich, Ihnen irgendwie zu helfen? Glauben sie, dass sie es am besten wissen, auch wenn es scheint, dass ihre Versuche schlecht geleitet sind? Sind sie vollkommen ehrlich zu Ihnen? Bringt Ihnen das, wovon sie Sie zu überzeugen versuchen, irgendeinen Nutzen?

Der größte Unterschied zwischen legitimer, unschuldiger Überredung und Manipulation ist die Absicht, die dahinter steckt. Um herauszufinden, um welche der beiden es sich handelt, und um zu verstehen, wie man von diesem Punkt an vorgehen sollte, stellen Sie sich drei einfache Fragen.

Was ist die Absicht der anderen Person? Ist sie unschuldig und rechtmäßig in gutem Glauben oder soll sie etwas erreichen, was die andere Person will?

Ist die andere Person in diesem speziellen Moment ehrlich zu Ihnen?

Welchen Nutzen haben Sie davon? Welchen Nutzen hat die andere Person davon?

Obwohl es durchaus möglich ist, dass Überzeugungsarbeit für beide Beteiligten von Vorteil ist, sollte sie sich auf jeden Fall auf die Person konzentrieren, die überredet wird, und ihr mehr Vorteile bringen. Natürlich wird der Überredende versuchen, Sie davon zu überzeugen, dass es in Ihrem besten Interesse ist, egal was passiert - wenn er ehrlich ist, handelt er legitimerweise in Ihrem besten Interesse. Der Manipulator möchte jedoch, dass Sie glauben, dass Sie tatsächlich davon profitieren, auch wenn der Manipulator viel mehr davon profitiert.

Durchsetzungsfähig bleiben

Sie müssen immer daran denken, gegenüber denjenigen, die

versuchen, Sie zu überrollen, durchsetzungsfähig zu bleiben. Sie sollten immer der beste Fürsprecher für sich selbst sein, der Sie sein können - schließlich kann niemand die Aufgabe so gut erledigen wie Sie. Wenn Sie in der Lage sind, durchsetzungsfähig zu bleiben, auch wenn jemand versucht, Sie zu manipulieren, werden Sie es schaffen.

Denken Sie daran, dass der Manipulator ein leichtes Ziel sucht. Wenn Sie sich wehren und durchsetzungsfähig sind, werden Sie schnell von seiner Liste potenzieller Ziele gestrichen und gehen los, um jemand anderen zu belästigen. Ihre Behauptung, was Sie wollen und brauchen, wird eine zu große Abschreckung darstellen, als dass Sie ein effektives, leichtes Ziel wären. Bleiben Sie selbstbewusst, aber denken Sie daran, worauf Sie ein Recht haben - den menschlichen Anstand - und geben Sie sich niemals mit weniger zufrieden. Sie verdienen es, glücklich zu sein. Sie verdienen es, gesund zu sein. Sie verdienen es, unversehrt zu sein. Sie verdienen es, sich selbst vertrauen zu können. Sie verdienen es, dass man Sie respektiert und Ihnen erlaubt, Ihre Meinung zu sagen.

Entwicklung eines starken Selbstbewusstseins

Wenn Sie ein starkes Selbstwertgefühl entwickeln, ist es sehr viel unwahrscheinlicher, dass es durch die verschiedenen Methoden des Manipulators, Sie zu einem Nichts zu degradieren, ausgehöhlt wird. Der Manipulator will, dass Ihr Selbstwertgefühl schwach ist, denn dieses Selbstwertgefühl ist Ihre Rüstung - es gewährleistet, dass Sie geschützt sind, wenn es hart auf hart kommt. Menschen mit einem höheren Selbstwertgefühl neigen dazu, sich selbst mehr zu vertrauen, und da sie ihren Instinkten vertrauen, ist es wahrscheinlicher, dass sie unversehrt bleiben, wenn ein Manipulator in die Stadt kommt und sich neue Opfer sucht.

Sie können diesen Schritt auf verschiedene Weise tun, aber einer der wichtigsten ist, sich daran zu erinnern, dass Sie Ihre grundlegenden Menschenrechte anerkennen und sich selbst daran erinnern, dass Sie genug sind, so wie Sie sind, und dass Sie es verdienen, jemanden zu finden, der anerkennt, dass Sie genug sind, ohne sich zu verändern. Wenn Sie das können, sind Sie darauf vorbereitet, den Manipulator frontal zu bekämpfen und nicht auf seine Zaubersprüche hereinzufallen.

Enge Beziehungen zu anderen Menschen aufrechterhalten

Denken Sie daran: Manipulatoren wollen Sie allein lassen. Sie wollen Sie isolieren, um Ihnen alle Sicherheitsnetze zu nehmen, die Sie im Laufe der Jahre aufgebaut haben. Wenn es nach ihnen ginge, wären Sie völlig allein und hätten außer dem Manipulator keinen Kontakt zur Außenwelt. Zum Glück ist das Leben nicht oft so, und Sie können mit allen in Kontakt treten, die Sie möchten. Achten Sie darauf, dass Sie enge Beziehungen zu den Menschen in Ihrem Leben pflegen, die Sie schätzen, denn sie sind ein zweiter Schutz gegen Manipulation.

Wenn Sie bemerken, dass sich Ihre Beziehungen zu verschlechtern scheinen oder dass die Menschen in Ihrem Leben immer weniger geneigt sind, mit Ihnen zu sprechen, ist das ein Zeichen dafür, dass Sie wahrscheinlich selbst einen Schritt zurücktreten und Ihre Beziehungen neu bewerten sollten. Es ist möglich, dass Sie einen Manipulator in Ihrem Leben haben, der versucht, Sie irgendwie zu isolieren.

Wenn Sie erkennen können, dass jemand dies tut, können Sie sich besser schützen, indem Sie aktiv auf die Menschen zugehen, die sich von Ihnen entfernt haben, um Hilfe zu holen, wenn Sie sie brauchen, oder um die Beziehung, die zu schwinden beginnt, wieder zu beleben. Sie können auch fragen, ob etwas nicht stimmt, und sehen, ob sie Antworten haben, die Sie in Zukunft schützen könnten.

Minimieren Sie den Kontakt mit Manipulatoren

Wenn Sie den Verdacht haben, dass jemand ein Manipulator ist, ist es das Beste, jeglichen Kontakt mit dieser Person zu minimieren. Verstehen Sie, dass Manipulatoren manipulieren, so wie Klapperschlangen beißen und Bären diejenigen angreifen, die ihren Jungen zu nahe kommen. Es ist einfach eine Tatsache, dass diejenigen, die zu Manipulationen neigen, dies wahrscheinlich auch weiterhin tun werden, egal was passiert. Das Beste, was Sie tun können, ist, sich völlig aus der Situation zurückzuziehen, sich zu verteidigen und sicherzustellen, dass Sie nicht nahe genug sind, um durch die Taktiken und Versuche des Manipulators, Sie zu kontrollieren, verletzt zu werden .

Bleiben Sie fest in Ihren Überzeugungen

Geben Sie niemals Ihre Überzeugungen für jemanden auf, auch nicht für Manipulatoren. Ganz gleich, wie gut sie versuchen, Sie davon zu überzeugen, niemand, der Sie wirklich liebt oder sich um Sie sorgt, wird absichtlich versuchen, Sie dazu zu bringen, diese höchst persönlichen Gedanken aufzugeben, die Sie zu dem machen, was Sie sind. Sie würden anerkennen, dass Sie ein Recht auf alle Gedanken und Gefühle haben, die Sie haben wollen, und dass Sie mehr als willkommen sind, die Geschichte zu erschaffen, die Sie in Ihrem eigenen Leben haben wollen.

Wenn Sie bemerken, dass jemand unaufhörlich versucht, an einem bestimmten Teil Ihres Lebens zu rütteln, sollten Sie die Situation analysieren und sich vergewissern, dass es sich nicht um einen Manipulator handelt, der Sie zu etwas Bestimmtem bewegen will, sondern um jemanden, der es gut meint. Selbst wenn es sich um jemanden mit guten Absichten handelt, sollte niemand versuchen, Sie zu zwingen, Ihre Überzeugungen zu ändern, egal in welcher

Situation oder unter welchen Umständen.

Erkennen Sie Ihren Wert

Zu erkennen, was Sie sich selbst und Ihren Lieben wert sind, ist absolut entscheidend, um sich vor einem Manipulator zu schützen. Diejenigen, die versuchen, Sie zu manipulieren, wollen, dass Sie verinnerlichen, dass mit Ihnen etwas nicht in Ordnung ist. Sie werden absichtlich versuchen, Ihnen ein Gefühl der Scham oder der Unvollkommenheit zu vermitteln, um Sie später zu kontrollieren. Wenn Sie glauben, dass Sie in irgendeiner Weise fehlerhaft sind, werden Sie wahrscheinlich ständig versuchen, den von Ihnen wahrgenommenen Makel zu beheben, anstatt zu erkennen, dass Sie, wie die meisten Menschen, einfach unvollkommen perfekt sind, so wie Sie sind. Es ist normal und menschlich, Fehler zu haben - zu verstehen, was sie sind, ist absolut eine Stärke, aber nur, wenn Sie diese Fehler akzeptieren können, ohne das unaufhörliche Bedürfnis zu haben, sie zu beheben, wann immer Sie darauf aufmerksam werden.

Denken Sie daran, dass Ihre Freunde und Ihre Familie Sie absolut so lieben, wie Sie sind, mit allen Fehlern. Wenn jemand anderes nicht tut, sind sie nicht richtig für Sie.

Nutzen Sie die Zeit

Wenn jemand aktiv versucht, Sie zu manipulieren, und immer wieder versucht, Sie zum Nachgeben zu bewegen, ist es das Beste, wenn Sie die Zeit nutzen. Durch die Rückgewinnung von Zeitfenstern erhalten Sie die Macht zurück - schließlich kann der Manipulator nichts tun, ohne dass Sie ihm oder ihr die Erlaubnis geben.

Wenn der Manipulator zum Beispiel unablässig versucht, Sie dazu zu bringen, ihm ein Auto zu überschreiben, weil Sie ein neues haben und das alte nicht mehr brauchen, können Sie die ganze Situation beenden, indem Sie ihm sagen, dass Sie etwas Zeit brauchen, um darüber nachzudenken. Das funktioniert auch bei Verkäufern, so dass Sie sich die nötige Pause gönnen können, um sich von der Manipulation zu lösen und die Kontrolle über die Situation zurückzugewinnen.

Wenn Sie sich Zeit nehmen, können Sie auch sicherstellen, dass alle Emotionen, die Ihre Wahrnehmung des Geschehens getrübt haben könnten, eine Chance hatten, sich zu klären. Sie werden in der Lage sein, die Perspektive mit einem klaren Verstand zu betrachten, ohne dass Ihre Emotionen versuchen, Sie zu impulsivem und emotionalem Verhalten zu verleiten.

Nein sagen

Die wichtigste Fähigkeit, die Sie vor dem Manipulator schützen wird, ist die Fähigkeit, konsequent und entschieden Nein zu sagen. Wenn Sie in der Lage sind, dem Manipulator ein klares Nein zu sagen und ihm dabei schmerzlich klar zu machen, wie Sie zu der Sache stehen, wird er keine andere Wahl haben, als Ihre Antwort zu akzeptieren, oder er riskiert, in Ihrem Umfeld als unglaublich kleinlich und aufdringlich zu erscheinen. Einigen Manipulatoren ist das natürlich egal, und sie werden unaufhörlich weiter fragen, einfach weil sie es können. Sie glauben, dass sie Sie mit der Zeit zermürben können, vor allem, wenn sie sich zuvor durch schiere Beharrlichkeit durchgesetzt haben, entweder bei Ihnen oder bei jemand anderem. Diese Hartnäckigkeit kann manchmal ausreichen, um das zu bekommen, was sie wollen, und sie werden nicht zögern, sie einzusetzen, wenn sie glauben, dass sie damit eine Chance haben könnten.

SCHLUSSFOLGERUNG

Herzlichen Glückwunsch! Sie haben es bis zum Ende von *Dunkle Psychologie!* Hoffentlich haben Sie beim Lesen dieses Buches viele Informationen gefunden, die Ihnen in der realen Welt von Nutzen sein werden. Auch wenn die in diesem Buch enthaltenen Informationen ausschließlich zu Informationszwecken dienen und Sie in der Praxis üben müssen, um die Fähigkeiten zu entwickeln, die Sie benötigen, um andere erfolgreich zu lesen und zu manipulieren und sich selbst zu schützen, sollte doch für jeden etwas in diesem Buch dabei sein. Denken Sie daran, dass dieses Buch unethisches oder missbräuchliches Material nicht gutheißt, und es war nicht die Absicht dieses Buches, auf unethische oder missbräuchliche Art und Weise verwendet zu werden.

In diesem Buch wurden verschiedene Themen behandelt. Du lernst alles über dunkle Psychologie, beginnend mit der Definition der Kunst der dunklen Psychologie, und erfährst, wie diejenigen, die dunkle Psychologie anwenden, aussehen und wie dunkle Psychologie häufig im Alltag eingesetzt wird. Sie erhielten Informationen über den heimtückischen Persönlichkeitstyp der dunklen Triade und lernten wesentliche Informationen über Machiavellismus, Narzissmus und Psychopathie, die alle eine wichtige Rolle bei der Manipulation anderer Menschen spielen.

Sie lernten, wie Sie Menschen anhand verschiedener Ausdrücke, Bewegungen und Haltungen lesen können, die Ihnen in leicht verständlicher Sprache zur Verfügung gestellt wurden. Sie wurden über verdeckte emotionale Manipulation und die dabei verwendeten Taktiken unterrichtet. Sie lernten etwas über dunkle Überredungskünste und die dabei angewandten Taktiken. Sie lernten, wie man Gedanken kontrolliert, eine Gehirnwäsche durchführt, Gedankenspiele spielt und vieles mehr. Sie lernten etwas über Täuschung, NLP und dunkle Verführung. Und schließlich erhielten Sie Informationen, mit denen Sie sich gegen andere Manipulatoren in der Welt wappnen können. Letztendlich werden Sie zwangsläufig auf andere treffen, die diese Informationen verstehen, unabhängig davon, ob ihr Wissen angeboren ist oder im Laufe der Zeit erlernt wurde, und es ist von entscheidender Bedeutung, dass Sie sich schützen können. Von hier aus haben Sie mehrere Möglichkeiten. Du kannst deine Reise fortsetzen und mehr über dunkle Psychologie lernen, wobei du vielleicht Interesse an dunkler unterschwelliger Psychologie oder an Büchern findest, die sich mehr mit der Vermittlung bestimmter Fähigkeiten befassen, die du beherrschen möchtest. Du könntest auch damit beginnen, die in diesem Buch beschriebenen Fähigkeiten an deinen Mitmenschen zu üben. Wenn Sie sich dafür entscheiden, diese Fertigkeiten zu üben, sollten Sie jedoch nicht vergessen, dass Sie Ihre Mitmenschen mit dem gleichen Anstand behandeln müssen, den Sie sich selbst wünschen. Sie können Ihr Studium der dunklen Psychologie auch aufgeben, wenn Sie beschlossen haben, dass dies nichts für Sie ist - das ist in Ordnung! Es ist nicht für jeden etwas. Nicht jeder kann in die Höhle des Löwen starren und sich sicher sein, dass er dort unbeschadet bleiben kann.

Unabhängig davon, wie Sie sich entscheiden, danke ich Ihnen, dass Sie sich die Zeit genommen haben, bis hierher zu lesen. Hoffentlich haben Sie am Ende dieses Buches einige nützliche Informationen erhalten, die Ihnen weiterhelfen werden. Respektieren Sie andere und setzen Sie die in diesem Buch beschriebenen Fähigkeiten verantwortungsbewusst ein.